2026년은 새정치가 펼쳐지는 해!

지방선거에 대비한 정확한 전략!
효율적인 홍보로 승리를 다진다!

제9회 전국동시지방선거
결전의 날!
6월 3일이 다가온다.

동서구청장선거

깨끗한 능력
활기넘친 정치!

2 박종래

민주당

여대야소로 뒤바뀐 정치권, 변화된 지방선거

비상걸린 후보
승리의 비상구를 찾자!

안전이
먼저다!

1 박중화

서민과
민생우선!
시작!

5 이강무

서민의 친구!
안산의 웃음!

2 손창완

35년의 행정경륜
강동의 민원해결사!

1·나 김재환

서민의 친구!
약자의 대변자

1 이재범

변호사 / 제누리당 법률지원단 위원

제9회
전국동시
지방선거
2026.6.3

제1회
전국동시
지방선거
1995.6.27

제2회
전국동시
지방선거
1998.6.4

제3회
전국동시
지방선거
2002.6.13

제4회
전국동시
지방선거
2006.5.31

제5회
전국동시
지방선거
2010.6.2

제6회
전국동시
지방선거
2014.6.4

제7회
전국동시
지방선거
2018.6.13

제8회
전국동시
지방선거
2022.6.3

우·리·는·승·리·한·다

유권자의 성향, 동향 파악
짧은 선거운동 기간
훈련된 선거운동원과
함께 뛴다!

15대 총선
1996.4.11

18대 총선
2008.4.9

22대 총선
2024.4.10

16대 총선
2000.4.13

21대 총선
2020.4.15

19대 총선
2012.4.11

17대 총선
2004.4.15

20대 총선
2016.4.13

15대 대선
1997.12.18

16대 대선
2002.12.19

18대 대선
2012.12.19

17대 대선
2007.12.19

19대 대선
2017.5.9

20대 대선
2022.3.9

21대 대선
2025.6.3

당선전략에 적용하는 핵심요소

■ 유권자 여론조사
- 유권자 가치관, 욕구 조사
- 지지도, 부동층 조사
- 정치성향 조사
- 정치, 선거이슈 점검
- 후보자 강약점 분석

■ 이미지 개발
- 퍼스날리티, 컨셉트개발
  (용모, 행동 등)
- 슬로건 심볼화
- 캐리커쳐 개발
- 성명로고 및 색상개발

■ 선거홍보물 기획
- 선거기획단구성 종합 전략기획
- 법정필수 홍보물 기획, 제작
- 정치연설 개인지도
- 만화홍보기획 제작, SNS선거전략
- 신문,TV, CF, 비디오, 로고송 기획제작

■ 이벤트 기획
- 선거이벤트 기획
- 지역구 이벤트개발
- 후원의밤 기획
- 각종 캠페인 행사기획
- 선거유세차량 및 선거장비 개발

■ 지역구 관리
- 지구당별 당원 컴퓨터관리
- 당원배가 운동기획
- 의정보고서 기획, 취재 제작
- 각종 정치홍보물 발송대행(DM)

선거,
1 연습은 없다

과학적인 전략수립

- 정치적 상황분석
- 전략개발
- 선거운동 실행

선거운동 조직

출마,
2 목표는 당선이다

후보자의 커리어이미지

선거운동, 선거홍보물

- 선거운동원이 열과 성을 다하도록 한다.
- 최소비용, 최대효과
- 선거홍보물 기획제작의 일괄화

"말은 풀고 돈은 묶는다"
이것이 개정된 새 선거법의
기본 정신이자 신 당선전략이다.
이번 6월 3일
제9회 전국동시지방선거에서는
국가 경제에 미칠 손실을
최대한 줄인다.
후보자들은
내핍생활과 근검, 절약을 앞세워
서민유권자의 심리를 파악하고
후보자가 모범이 되면서
검소하고 알뜰하게 치루어야
할 의무가 있다.
지역구마다 선거비용의 한도가
있으므로 최소의 비용으로
선거운동원과 일체가 되어
함께 뛰어야 한다.

- 얼굴화장, 자세, 걸음걸이.
  표정교정
- 연설지도
  (USB 녹음 제공)
- 연설문 작성 및 검토
- 예비 후보자명함,
  법정선거용명함
- 예비후보자 홍보물
- 책자형 선거공보·선전벽보
- 의정보고서, 만화,
  자서전 출판

선거홍보물기획 3 인쇄단계적 진행도

출마의 변·후보자 및 참모진 의도 확실하게 청취
(이력·지역 인지도·정견·정책·경쟁자 파악 장단점·인생관·공약 등)

장단점 ☞ 설문을 통한 검토 보완

각종견본제시 ☞ 적합한 유형 참고
참신함과 강렬함 창출

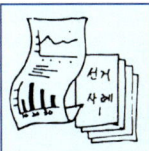

보충자료조사·기획회의
(AE·카피·사진모음·시각디자인·인쇄)

초안작성 ☞ 후보자 및 선거참모진
과의 토의 및 검증
(카피 내용·색상·캐리커처·
구성·검토 수정)

수 정 안 ☞ 후보자 및 선거참모진
확인 위법사항여부
최종검토
(관할선관위에 검증확인)

최종확정 ☞ 후보자 "OK"
(사식도안·화판작업)

시험인쇄 ☞ 확 인
☞ 해당 선거관리위원회에 납품,
납품확인증 보관

4 선거벽보 / 명함

유권자의 눈높이가 달라졌다.
지정된 벽에 나란히 붙어있는
후보자들의 벽보에서 서로 비교하며 인물평이 시작된다.
후보자를 놓고 '잘났어' '못났어'에서 정강 정책 등 까지…
이제 우리나라도 유권자의 정치 참여도가 선진국을 앞선다.
지나가다 눈여겨 비교하는 선전벽보 구상·구도·인상
특별히 신경써야 한다.

또한 명함은 홍보물의 축소판으로서 예비후보용명함과
법정홍보용명함으로 분류하여 홍보한다.
따라서 타후보보다 톡 퇴는 명함으로 유권자가 보관하고
다닐 수 있도록 해야 하므로 각별히 신경써야 한다.

- ♣ 제출기한: 2026. 5. 20까지(선거벽보)
- ♣ 제출매수: 관할 선거관리 위원회에서 공고한 수량
- ♣ 규   격: 38×53㎝, 100g/㎡ 이내의 용지
- ♣ 색   도: 4색도이내 칼라가능
- ♣ 게재내용: 선거명·선거구명·후보자의 사진·성명·기호 소속정당명(무소속포함),
            경력, 정견, 소속정당의 정강·정책 기타 홍보에 필요한 사항도 가능

5 책자형 선거공보 예비후보 홍보물

- ♣ 단체장 : 책자형 선거공보 12면 이내
            19×27㎝이내의 규격, 용지 자유(권장 : 100g 용지)
- ♣ 의원 : 책자형 선고공보 8면이내
          19×27㎝이내의 규격, 용지 자유(권장 : 100g 용지)
- ♣ 예비후보자 홍보물 : 책자형 선고공보 8면이내(단체장, 의원)
                     19×27㎝이내의 규격, 용지 자유(권장 : 100g 용지)
- ♣ 제출매수 : 관할 선거관리위원회에서 공고한 수량
             ※예비후보자용 세대수 10%이내
- ♣ 게재내용 : 책자형선거공보는 선전벽보의 내용을 다양한 형태로 상세
             하게 게재할 수 있으며 정강정책, 공약사항을 수록하며 표
             현작성근거, 후보자 성명, 소속정당명(무소속 포함), 인쇄소
             명칭(책자형), 주소, 전화번호를 게재하여야 함.
- ♣ 제출기한 : 2026. 5. 20. – 선거벽보
             2026. 5. 22. – 책자형선거공보

이기는 AI 선거전략서

Winning Election Ai

이기는 AI 선거전략서

2026년 1월 9일 초판 1쇄 인쇄 발행

지은이	문태성 · 박종래
펴낸이	박종래
펴낸곳	도서출판 명성서림

등록번호	301-2014-013
주소	04625 서울시 중구 필동로 6 (2, 3층)
대표전화	02)2277-2800
팩스	02)2277-8945
이메일	msprint8944@naver.com

값 18,000원
ISBN 979-11-7439-075-2

이기는 AI 선거전략서

Winning Election Ai

필승을 위한 완벽 가이드

문태성 · 박종래 공저

도서출판 명성서림

서문

1장. 승리하는 선거의 기본 원칙

2장. 출마 전 필수 점검 사항

3장. 이기는 선거 AI 활용 방법

4장. ChatGPT의 필승 선거 활용법

5장. 선거 전략 수립과 캠페인 실행

6장. 메시지와 공약 개발

7장. 선거 조직 구축

8장. 선거 홍보 전략

9장. 오프라인 선거운동 전략

10장. 온라인 선거운동 전략

11장. 네거티브 대응 및 위기 관리 전략

[부록]

선거 성공을 위한
10대 필수 CHECK LIST

서문

선거는 단순한 경쟁이 아니다.

선거는 철저한 전략의 싸움이며, 승패를 가르는 것은 바로 '준비와 실행력'이다. 많은 후보가 출마하지만, 결국 당선의 기쁨을 누리는 사람은 극소수다.

같은 지역구, 같은 조건에서 출발했음에도 어떤 후보는 압도적인 승리를 거두고, 어떤 후보는 초라한 패배를 맛본다. 도대체 무엇이 그 차이를 만드는 걸까?

그 답은 단 하나, '전략'이다. 그것도 '이기는 전략'이다.

정치적 경력이 부족해도, 조직력이 약해도, 인지도에서 밀려도 올바른 전략과 철저한 실행이 뒷받침된다면 승리는 충분히 가능하다.

반대로, 아무리 유명하고 능력이 뛰어난 후보라도, 전략 없이 막연한 기대감으로 선거를 치르면 낙선은 피할 수 없다.

당선을 원한다면, 선거를 '감'으로 치르지 마라. 선거는 철저한 분석과 실행이 뒷받침될 때만 승리할 수 있는 냉혹한 싸움이다.

이 책은 단순한 이론서가 아니다. 실천서이다.

저자는 30여 년 정당 활동과 각종 선거 전장에서 얻은 성공과 실패들을 반면교사로, 선거 실전에서 곧바로 적용할 수 있는 전략과 전술, 검증된 승리의 공식들을 엄선하여 천재 선거전략가인 AI의 도움을 받아 광주리에 담아내었다.

선거 출마를 결심한 순간부터 당선 후까지, 각 단계에서 반드시 알아야 할 핵심 요소들을 체계적으로 정리하였다. 이 책을 옆에 두고 실천하는 후보는 반드시 승리할 것이다.

책의 구성은 선거 캠페인의 흐름을 따라가도록 짜여 있다.
먼저, 선거에서 반드시 지켜야 할 기본 원칙을 정리하고, 후보자의 강점과 지역구 특성을 분석하는 법을 제시한다.

그리고 이길 수밖에 없는 핵심 전략을 수립하는 방법, 승리하는 메시지를 개발하는 법, 타겟 유권자를 공략하는 법, 미디어를 활용해 인지도를 극대화하는 법, 상대 후보의 네거티브 공세를 방어하는 법까지 승리를 위한 모든 과정을 철저하게 다룬다.

특히, 현대 선거에서 가장 중요한 디지털 선거운동, SNS 홍보, 유튜브 전략, 빅데이터 분석을 활용한 유권자 맞춤형 공략법까지 담았다.

시대가 변하고 있다. 이제는 전단지나 유세차만으로 이길 수 없다. 유권자의 심리를 파악하고, 효과적으로 메시지를 전달하는 과학적이고 전략적인 접근이 필요하다.

이기는 선거는 운이 아니다. 철저한 전략과 실행이 만든 결과다.
이 책을 읽는 순간부터 당신은 이미 승리를 향한 첫발을 내디딘 것과
다름없다.

선거판은 냉혹하지만, 동시에 기회의 무대이기도 하다.
준비된 후보만이 그 기회를 잡을 수 있다.

지금까지 수많은 선거에서 승리의 공식은 명확했다.
그리고 그 공식들이 바로 이 책 안에 있다.
본 전략서대로, 더 나아가 응용하여 실천하시라.

한 치의 망설임도 없이, 이 책이 제시하는 전략을 따르라.
그러면 반드시 승리할 것이다.

선거 게임은 당신의 발품, 손품, 피와 땀, 열정, 그리고 재물을 원한다.
당선을 원한다면, 지금 당장 실행하라!

꼭 이겨야 하는 선거!
전쟁은 시작되었고, 승리는 '발로 뛰는 당신' 편이다.

2025 봄날
저자 문태성

1장
승리하는 선거의 기본 원칙

선거는 단순한 경쟁이 아니다. 선거는 전략과 전술, 그리고 치밀한 계획이 어우러진 복합적인 과정이다. 아무리 훌륭한 후보라도 제대로 된 전략 없이 선거에 나서면 승리를 장담할 수 없다. 본 장에서는 선거에서 승리하기 위해 반드시 알아야 할 기본 원칙을 살펴보고, 성공적인 선거를 위한 필수 요소들을 분석한다.

1. 선거의 기본 개념

1) 선거란 무엇인가?

선거는 국민이 직접 또는 간접적으로 대표를 선출하는 과정이다. 단순한 인기투표가 아니라, 정책과 비전을 평가받는 무대이며, 후보자와 유권자 간의 신뢰를 형성하는 과정이다. 선거의 본질을 이해하는 것이 승리의 첫걸음이다.

2) 선거의 법칙

모든 선거에는 일정한 법칙이 존재한다. 과거의 선거 사례를 분석해 보면 일정한 패턴과 성공 법칙이 보인다. 대표적인 법칙으로는 다음과 같은 것들이 있다.

- **인지도 법칙:** 유권자는 익숙한 후보에게 투표하는 경향이 있다.
- **신뢰 법칙:** 정책보다 중요한 것은 후보자의 신뢰도이다.
- **차별화 법칙:** 경쟁 후보들과 차별화되지 않으면 선택받을 수 없다.
- **유권자 심리 법칙:** 유권자의 감성과 이성은 복합적으로 작용하며, 때로는 감성적 요소가 더 큰 영향을 미친다.

3) 선거의 속성

선거는 단순한 승패의 문제가 아니라, 지속적인 관계 형성과 정치적 자산을 구축하는 과정이다. 선거는 다음과 같은 속성을 갖는다.

- **변수의 연속:** 선거는 예측할 수 없는 돌발 변수들이 끊임없이 발생하는 과정이다.

- **장기적인 게임:** 단기간의 전략이 아니라 장기적인 계획이 필요하다.
- 유권자 중심: 선거에서 가장 중요한 것은 후보가 아니라 유권자이다.

2. 선거는 전략 게임이다

1) 선거의 본질: 전략과 전술의 조합
선거는 단순한 인기 대결이 아니라 철저한 전략 게임이다.

이기는 선거를 만들기 위해서는 계획적인 접근이 필요하다. 선거 전략은 메시지, 조직, 자원의 삼박자로 구성되며, 이를 효과적으로 운영해야 승리를 보장할 수 있다.

2) 전략 없는 선거는 실패한다
- 전략이 없는 선거는 방향 없는 항해와 같다.
- 명확한 목표 설정이 중요하다: 당선 가능성이 있는 지역과 유권자 그룹을 분석하고 집중해야 한다.
- 선거에서의 차별화 전략을 수립해야 한다: 상대 후보와의 차별성을 강조하고, 유권자들에게 명확한 선택지를 제공해야 한다.

3) 선거는 장기전이다
- 하루아침에 유권자의 마음을 얻을 수 없다. 장기적인 관점에서 접

근해야 한다.

- 선거 전부터 지역 기반을 구축하고, 꾸준한 소통을 통해 신뢰를 쌓아야 한다.
- 선거 기간뿐만 아니라 선거 이후까지 고려한 전략이 필요하다.

3. 유권자의 심리를 이해하라

1) 유권자의 결정 방식

유권자는 논리보다 감정으로 투표하는 경우가 많다.
특히 다음과 같은 요소가 중요한 영향을 미친다.

- **인지적 편향:** 유권자는 기존의 신념과 일치하는 정보를 더 신뢰하는 경향이 있다.
- **감성적 반응:** 감동적인 스토리텔링과 진정성 있는 메시지가 표심에 영향을 준다.
- **집단 심리:** 주변 사람들이 지지하는 후보에게 영향을 받을 가능성이 높다.

2) 유권자의 3가지 유형

선거 전략을 효과적으로 수립하기 위해 유권자를 다음과 같이 구분할 수 있다.

(1) **핵심 지지층:** 항상 나를 지지하는 유권자들. 이들을 결집하고 조직화하는 것이 중요하다.

(2) **부동층:** 선거에서 가장 중요한 타겟. 이들을 설득하기 위해 구체적인 공약과 감성적인 접근이 필요하다.

(3) **반대층:** 설득이 어려운 유권자들. 이들에게 시간을 낭비하기보다는, 반대층의 확산을 막는 전략이 중요하다.

3) 유권자의 관심사를 파악하는 법

- 설문조사와 여론 조사를 활용하여 유권자들의 핵심 관심사를 분석해야 한다.
- 소셜미디어와 지역 커뮤니티에서 유권자들이 주로 이야기하는 주제를 파악해야 한다.
- 직접적인 대면 접촉(유세, 타운홀 미팅 등)을 통해 현장의 목소리를 듣고 반영해야 한다.

4) 신뢰 형성이 최우선

- 유권자는 말보다 행동을 중요하게 본다. 신뢰를 형성하기 위해서는 꾸준한 노력과 진정성이 필요하다.
- 일관된 메시지를 전달하고, 유권자와의 약속을 지키는 것이 중요하다.
- 위기 상황에서도 침착하고 신뢰할 수 있는 리더십을 보여야 한다.

4. 승리의 요건

1) 명확한 비전과 메시지

성공적인 후보는 명확한 비전과 메시지를 가지고 있다. 유권자는 후보의 정책뿐만 아니라, 그 정책이 실현될 수 있는 현실성을 원한다. 후보자는 다음을 명확히 해야 한다.

- **핵심 공약**: 유권자가 기억할 수 있는 대표적인 공약을 설정해야 한다.
- **일관된 메시지**: 모든 연설과 홍보 자료에서 일관된 메시지를 유지해야 한다.
- **공감형 스토리**: 유권자가 쉽게 공감할 수 있는 개인적 경험이나 사례를 활용해야 한다.

2) 강력한 조직력

선거는 혼자서 치를 수 없다. 강력한 선거 조직이 필요하며, 이를 위해 다음 요소를 고려해야 한다.

- 유능한 캠프 구성: 선거 전문가, 홍보 담당자, 데이터 분석가 등 각 분야의 전문가가 필요하다.
- 현장 조직망 구축: 지역별로 조직을 구성하여 유권자들과 직접 소통하는 시스템을 마련해야 한다.
- 자원봉사자 운영: 선거운동의 최전선에서 활동하는 자원봉사자들을 효과적으로 조직하고 동기 부여해야 한다.

3) 자금과 효율적 운영

선거에는 막대한 자금이 필요하다. 하지만 자금이 많다고 무조건 승리하는 것은 아니다. 효율적인 자금 운영이 중요하다.

- **후원금 모집 전략:** 후원자를 확보하고 지속적으로 후원금을 유치하는 방법을 개발해야 한다.
- **예산 분배:** 선거 자금을 홍보, 조직 운영, 이벤트 등에 균형 있게 배분해야 한다.
- **디지털 캠페인 활용:** 전통적인 홍보 방식보다 디지털 광고, SNS 홍보를 적극적으로 활용하여 비용 대비 효과를 극대화해야 한다.

5. 승리자의 조건

1) 공감과 신뢰

유권자는 정책만 보고 투표하지 않는다. 후보자가 진정성 있고 신뢰할 수 있는 사람인지 판단한다. 다음 요소가 중요하다.

- **일관된 태도:** 선거 기간 내내 일관된 메시지와 태도를 유지해야 한다.
- **정직한 소통:** 유권자에게 솔직하고 진정성 있는 태도로 다가가야 한다.
- **유권자 맞춤형 전략:** 지역, 연령, 성별 등 다양한 유권자 그룹의 특성

을 고려한 맞춤형 메시지가 필요하다.

2) 위기관리 능력

선거에서는 예상치 못한 위기가 발생할 수 있다. 이에 대한 **빠른** 대응이 승패를 가른다.

- **네거티브 대응 전략:** 상대 후보의 공격에 대해 정면 대응할 것인지, 무시할 것인지 판단해야 한다.
- **위기 대응팀 운영:** 돌발 상황 발생 시 신속하게 대응할 수 있도록 전문적인 위기 대응팀을 구성해야 한다.
- **미디어 컨트롤:** 부정적인 보도가 확대되지 않도록 미디어 대응 전략을 마련해야 한다.

3) 조직과 유권자의 지속적 관리

승리한 이후에도 유권자와의 관계를 유지해야 한다. 다음 선거를 대비해 조직을 지속적으로 관리하는 것이 중요하다.

- **데이터 분석 활용:** 선거에서 확보한 유권자 데이터를 분석하여 향후 전략을 수립해야 한다.
- **커뮤니티 형성:** 지지자들과 지속적인 관계를 유지할 수 있는 온라인 및 오프라인 커뮤니티를 구축해야 한다.
- **차기 선거 준비:** 이번 선거에서의 경험을 바탕으로 차기 선거에서 더 나은 전략을 수립해야 한다.

Ment

승리하는 선거를 위해서는 철저한 전략과 유권자의 심리적 특성을 이해하는 것이 필수적이다. 단순한 홍보가 아니라, 유권자와의 진정성 있는 소통과 차별화된 전략이 당락을 결정한다. 첫 단추를 잘 꿰는 것이 중요한 만큼, 명확한 전략 수립과 유권자 분석을 최우선 과제로 삼아야 한다.

승리하는 선거는 우연이 아니다. 철저한 준비, 명확한 전략, 강력한 조직력, 공감과 신뢰를 얻는 능력이 결합될 때 가능하다. 이 장에서 소개한 기본 원칙들을 토대로 후보자는 보다 효과적으로 선거를 준비하고 승리를 향해 나아갈 수 있을 것이다.

2장
출마 전 필수 점검 사항

선거는 철저한 준비가 승패를 좌우하는 게임이다. 출마를 결정했다면, 단순한 의지만으로 승리를 기대할 수 없다. 승리하기 위해서는 자신의 강점과 약점을 분석하고, 지역구의 특성과 유권자의 성향을 정확히 파악해야 한다. 또한, 명확한 핵심 메시지를 설정하고 이를 효과적으로 전달할 전략을 수립해야 한다. 본 장에서는 출마 전 반드시 점검해야 할 핵심 요소들을 상세히 살펴본다.

1. 후보 자신의 SWOT 분석

후보는 본인이 가진 자원과 한계를 냉철하게 평가해야 한다.

이를 위해 가장 효과적인 방법 중 하나가 SWOT 분석(Strengths, Weaknesses, Opportunities, Threats)이다.

1) 강점(Strengths)
- **정치적 경험과 경력:** 기존 정치 경력, 공직 경험, 사회적 영향력
- **개인적 자질:** 리더십, 연설 능력, 대중과의 친화력
- **네트워크:** 정당 내 지지 세력, 지역 인맥, 후원자 그룹

2) 약점(Weaknesses)
- **대중 인지도 부족:** 유권자들에게 얼마나 알려져 있는가?
- **정책적 준비 부족:** 명확한 공약과 정책이 있는가?
- **재정적 한계:** 선거 자금 조달 능력

3) 기회(Opportunities)
- **정치적 환경:** 여당 또는 야당에 대한 유권자의 인식 변화
- **경쟁 후보의 약점:** 상대 후보의 약점을 공략할 기회
- **지역 이슈 활용:** 특정 정책이나 지역 현안을 선거 이슈로 활용

4) 위협(Threats)
- **강력한 경쟁 후보:** 인지도가 높은 현직 의원 또는 유력 후보의 존재

- **부정적 이미지:** 과거 경력 또는 개인적 이슈가 선거에 미칠 영향
- **외부 변수:** 정당 내부 갈등, 예상치 못한 사회적 사건

SWOT 분석을 통해 본인의 강점은 극대화하고, 약점은 최소화할 방안을 마련해야 한다.

2. 지역구 및 유권자 분석

지역구는 단순히 지리적 구분이 아니라, 다양한 계층과 집단이 형성된 정치적 지형이다. 따라서, 지역구의 특성을 철저히 분석하는 것이 필수적이다.

1) 지역구의 특성 파악
- **과거 선거 데이터 분석:** 지난 선거에서 각 정당과 후보가 받은 득표율
- **인구 구성:** 연령대, 직업군, 소득 수준, 종교, 주요 산업
- **지역 주요 이슈:** 경제, 교육, 복지, 주택 문제 등

2) 유권자 세분화 및 타겟 설정

유권자는 다음과 같이 세분화하여 분석할 수 있다.

유형	특징	공략 방법
핵 심 지지층	기존에 강한 지지를 보내는 유권자	결속력 강화, 지속적 소통
부동층	지지 후보를 결정하지 않은 유권자	설득 전략 집중, 맞춤형 메시지
반대층	상대 후보를 적극적으로 지지하는 유권자	직접 설득보다 간접적 접근

부동층 공략이 선거 승패의 핵심이며, 그들의 관심사와 요구를 반영한 맞춤형 전략이 필요하다.

3. 필승을 위한 핵심 메시지 개발

후보의 메시지는 유권자에게 전달하는 가장 중요한 무기이다.

1) 강력한 메시지의 조건

- **명확성(Clear):** 유권자가 쉽게 이해할 수 있어야 한다.
- **차별성(Unique):** 다른 후보와 차별화된 강점이 부각되어야 한다.
- **공감대 형성(Relatable):** 유권자의 요구와 정서에 부합해야 한다.
- **일관성(Consistent):** 선거 기간 내내 일관되게 유지해야 한다.

2) 메시지 개발 과정
- **핵심 가치 정립:** '내가 선거에 출마하는 이유는?'
- **슬로건 개발:** 짧고 강렬한 문구 (예: "함께 만드는 더 나은 미래")
- **스토리텔링 활용:** 개인적인 경험과 지역 이슈를 연결한 이야기

3) 메시지 전달 전략
대중 연설, 미디어 인터뷰, 소셜미디어 콘텐츠 등을 통해 일관되게 전달
주요 정책을 한 문장으로 요약하는 '한 줄 메시지' 개발

4. 여론 조사와 데이터 활용법

여론 조사는 단순히 후보의 지지율을 파악하는 것이 아니라, 유권자의
생각을 분석하고 전략을 보완하는 데 사용해야 한다.

1) 여론 조사의 종류
- **정기 여론 조사:** 전체적인 지지율 및 변화 추이 분석
- **표적 그룹 인터뷰**(Focus Group Interview, FGI): 특정 계층 유권자
  의 심층적 의견 파악
- **온라인 데이터 분석:** SNS 및 포털 사이트에서 언급되는 여론 동향

2) 여론 조사 활용법

- **지지율 분석:** 강세 지역과 약세 지역 구분하여 전략 수립
- **이슈별 반응 분석:** 특정 정책이나 공약에 대한 유권자의 태도 파악
- **선거 전략 조정:** 실시간 피드백을 반영하여 캠페인 수정

Ment

출마 전 철저한 사전 분석과 전략 수립이 승리의 필수 요소이다.

SWOT 분석을 통해 강점을 강화하고 약점을 보완해야 한다.

지역구 및 유권자 분석을 통해 맞춤형 전략을 수립해야 한다.

강력한 핵심 메시지를 개발하여 일관되게 전달해야 한다.

여론 조사와 데이터를 활용해 전략을 지속적으로 보완해야 한다.

이 모든 요소를 철저히 준비한다면, 선거에서 한 발 앞서 나갈 수 있을 것이다.

3장
이기는 선거 AI 활용 방법

선거는 전략과 데이터의 싸움이다. 과거에는 경험과 직관에 의존했던 선거 전략이 이제는 AI 기술을 활용하여 보다 정밀하게 계획되고 실행된다. AI는 유권자의 심리를 분석하고, 캠페인 메시지를 최적화하며, 효과적인 홍보 방법을 제안하는 강력한 도구가 될 수 있다. 본 장에서는 선거에서 활용 가능한 AI 기술과 그 전략적 사용법을 살펴본다.

1. AI 기술의 종류와 능력

AI는 다양한 분야에서 발전하고 있으며, 선거에서도 여러 가지 기술이 활용될 수 있다. 각 AI 기술이 어떤 역할을 할 수 있는지 구체적으로 살펴보자.

1) 자연어 처리 AI (NLP, Natural Language Processing)
- 대표적인 AI: ChatGPT, Google Bard, Claude AI, LLaMA 등
- 주요 능력:
  - 연설문 작성 및 수정
  - 질의응답 자동화 (챗봇 활용)
  - 정책 및 공약 문서 정리 및 비교 분석
  - 유권자 대상 홍보 문구 최적화

- 활용 방안:
  - 후보자의 메시지를 분석하고 개선하여 더욱 설득력 있는 연설을 준비할 수 있다.
  - AI 기반 챗봇을 활용하여 유권자 질문에 신속하게 대응할 수 있다.
  - 상대 후보의 발언과 공약을 분석하여 비교 우위를 강조할 수 있다.

2) 데이터 분석 AI (Big Data & Predictive Analytics)
- 대표적인 AI: IBM Watson, Google AI, Microsoft Azure AI, Palantir
- 주요 능력:

- 유권자 성향 분석 및 세분화
- 소셜미디어, 뉴스, 여론조사 데이터 수집 및 분석
- 선거 전략 예측 및 최적화

- 활용 방안:
  - 특정 연령대, 지역, 직업군에 따라 유권자 맞춤형 메시지를 생성
    할 수 있다.
  - 실시간 트렌드를 분석하여 선거 전략을 조정할 수 있다.
  - 선거 결과를 예측하고 전략을 사전에 최적화할 수 있다.

3) 이미지 및 영상 분석 AI (Computer Vision)

- 대표적인 AI: DeepFace, OpenCV, Google Vision AI, Adobe Sensei
- 주요 능력:
  - 후보자의 연설 영상 및 표정 분석
  - 홍보 영상 및 포스터 최적화
  - 상대 후보의 선거 광고 분석 및 효과 비교

- 활용 방안:
  - 후보자의 비언어적 표현(표정, 제스처, 말투 등)을 분석하여 대중에
    게 더 호감 가는 스타일을 찾을 수 있다.
  - AI 기반 이미지 최적화를 통해 시각적 홍보물을 더욱 효과적으로
    만들 수 있다.
  - 상대 후보의 광고를 분석하여 효과적인 반격 전략을 수립할 수 있
    다.

4) 자동화된 캠페인 AI (Marketing Automation & Personalization)

- 대표적인 AI: HubSpot AI, Salesforce Einstein, Marketo, Meta AI
- 주요 능력:
  - 유권자 개별 맞춤형 이메일, 문자, SNS 메시지 발송
  - 자동화된 광고 최적화 및 A/B 테스트
  - 유권자 반응 분석 및 맞춤형 메시지 조정

- 활용 방안:
  - 선거운동을 자동화하여 캠페인의 효율성을 높일 수 있다.
  - 유권자별 맞춤형 콘텐츠를 제공하여 개인화된 선거 홍보가 가능하다.
  - 광고 성과를 실시간 분석하여 예산을 가장 효과적으로 사용할 수 있다.

2. AI를 활용한 선거 준비 단계

1) 후보자 분석 및 브랜드 구축

- AI는 후보자의 강점과 약점을 분석하고, 이미지 및 핵심 메시지를 최적화할 수 있다.
- 후보자의 연설 패턴을 분석해 가장 효과적인 전달 방식을 추천할

수 있다.

2) 정책 및 공약 개발
- AI는 과거 데이터와 현재 트렌드를 분석하여 가장 효과적인 공약을 설계하는 데 도움을 줄 수 있다.
- 유권자들이 중요하게 생각하는 이슈를 파악하여 맞춤형 공약을 제시할 수 있다.

3) 타겟 유권자 분석
- AI를 통해 연령대, 지역, 직업별로 맞춤형 전략을 세울 수 있다.
- 빅데이터 분석을 활용해 어느 지역에서 집중적인 홍보가 필요한지 파악할 수 있다.

3. AI를 활용한 선거 캠페인 전략

1) 홍보 및 메시지 최적화
- AI는 SNS 게시물의 반응을 분석하고, 가장 효과적인 메시지를 추천할 수 있다.
- 유권자와의 소통을 위해 AI 챗봇을 활용하여 빠르고 정확한 답변을 제공할 수 있다.

2) 여론 분석 및 대응

- AI는 온라인과 오프라인 여론을 실시간으로 분석하여 선거 전략을 조정할 수 있도록 돕는다.
- 부정적인 뉴스나 루머에 대한 **빠른** 대응 메시지를 생성하여 위기를 관리할 수 있다.

3) 선거운동 자동화

- AI를 활용한 광고 최적화 및 자동 홍보 시스템을 통해 예산을 절약하면서도 효과적인 캠페인을 운영할 수 있다.
- 이메일, 문자 메시지, SNS 광고를 자동화하여 맞춤형 메시지를 전달할 수 있다.

4. 선거 후 AI 활용법

1) 선거 결과 분석

- AI는 선거 데이터를 분석하여 어떤 전략이 효과적이었는지 평가하고, 다음 선거를 위한 개선점을 제시할 수 있다.
- 지지율 변동 요인을 분석하고, 향후 전략 수립에 활용할 수 있다.

2) 유권자 관계 유지

- 선거가 끝난 후에도 AI 챗봇과 자동화된 커뮤니케이션을 통해 유권

자와 지속적인 관계를 유지할 수 있다.

- 뉴스레터 및 후속 메시지를 개인화하여 유권자들과의 신뢰를 지속적으로 강화할 수 있다.

Ment

AI는 현대 선거에서 강력한 무기가 될 수 있다. 후보자는 AI를 활용하여 보다 정밀한 선거 전략을 수립하고, 효과적으로 캠페인을 운영하며, 선거 후에도 지속적인 유권자 관리를 할 수 있다. 데이터 기반 접근 방식이 선거에서 승리하는 핵심 전략으로 자리 잡고 있으며, AI를 활용한 맞춤형 선거 전략이 앞으로 더욱 중요해질 것이다.

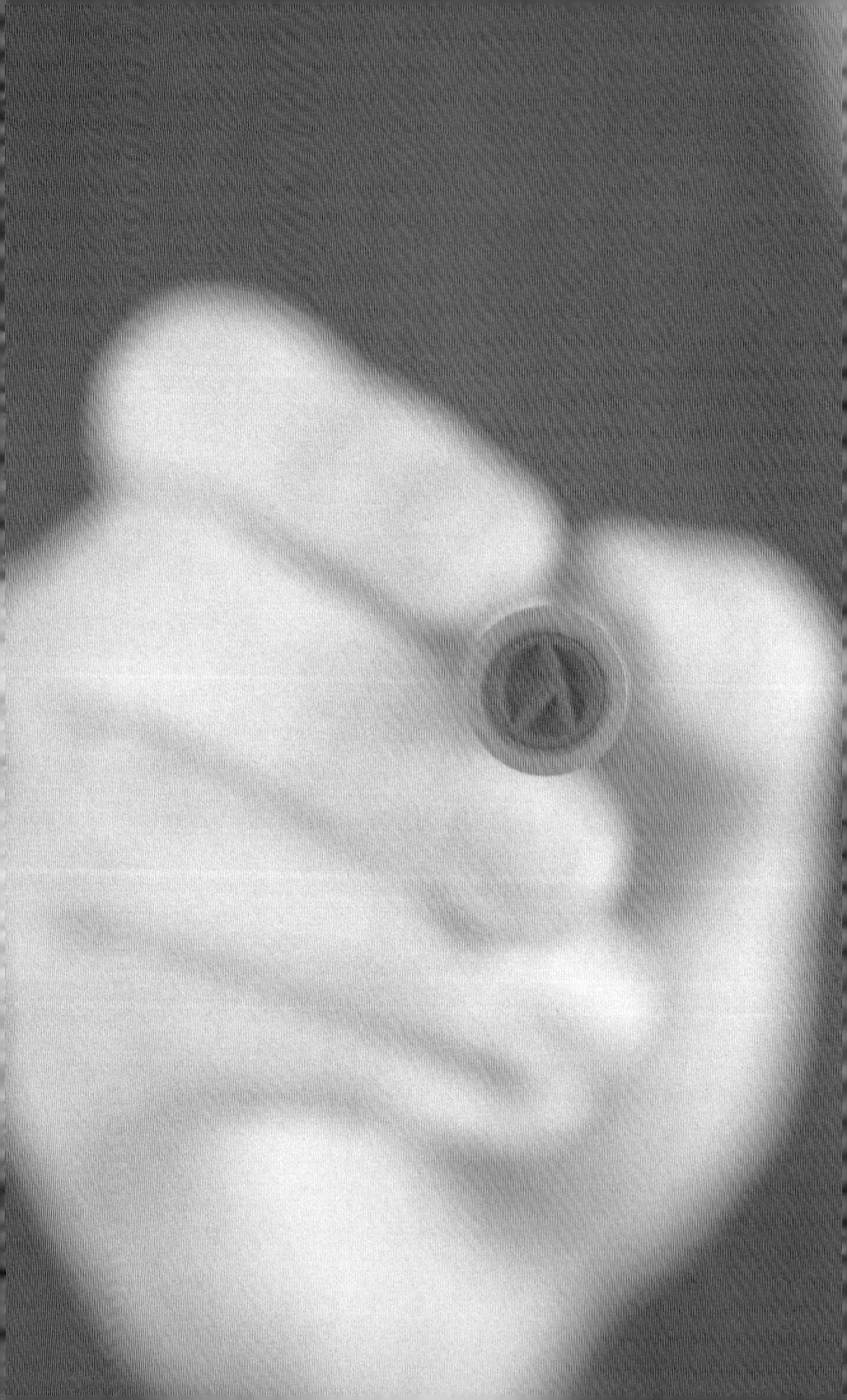

4장
ChatGPT의 필승 선거 활용법

선거는 전략과 커뮤니케이션의 싸움이다.

이제 AI, 특히 ChatGPT 같은 인공지능이 선거에서 중요한 역할을 할 수 있다. 후보자와 캠프는 ChatGPT를 활용하여 전략을 수립하고, 유권자와 소통하며, 캠페인을 효과적으로 운영할 수 있다. 과거에는 선거 전략 수립이 오랜 시간과 인력, 막대한 예산을 필요로 했다. 그러나 이제는 AI의 발전으로 많은 부분이 자동화되고 최적화될 수 있다. ChatGPT는 선거 준비 단계에서부터 선거 기간, 그리고 선거 이후까지 폭넓게 활용될 수 있으며, 이를 통해 후보자는 보다 효율적이고 체계적인 선거 전략을 구사할 수 있다. 이 장에서는 ChatGPT를 활용하여 선거를 준비하는 방법을 단계별로 설명한다.

1. 선거 준비 단계

1) 후보자 분석 및 브랜딩

선거 준비의 첫 단계는 후보자의 강점과 약점을 분석하는 것이다. ChatGPT는 후보자의 공약을 정리하고, 경쟁자와 비교 분석을 도와준다. 또한 후보자의 브랜드 이미지를 구축하는 데도 활용할 수 있다.

예를 들어, 후보자의 연설문이나 인터뷰 내용을 ChatGPT로 분석하면, 후보자가 강조해야 할 메시지와 차별화 포인트를 찾을 수 있다. 이를 바탕으로 유권자들에게 어필할 수 있는 슬로건이나 키워드를 도출할 수 있다.

또한, 후보자의 이미지와 메시지를 정제하는 데에도 활용할 수 있다. 특정 연령대나 지역에 맞춘 맞춤형 메시지를 생성하고, 유권자들의 반응을 예측하여 전략적으로 조정할 수도 있다.

2) 공약 개발과 검증

ChatGPT는 방대한 데이터를 기반으로 공약을 구성하는 데 도움을 줄 수 있다. 또한 특정 공약이 유권자들에게 어떻게 받아들여질지 시뮬레이션하고, 예상되는 비판점과 반박 논리를 생성할 수도 있다.

예를 들어, "지역 경제 활성화"라는 공약을 제시할 경우, ChatGPT는 해당 공약이 실제로 효과적인지 검토하고, 유권자들이 궁금해할 질문과 이에 대한 답변을 미리 준비할 수 있도록 돕는다.

또한, 기존 사례와 데이터를 활용하여 정책이 현실적으로 실행 가능한

지에 대한 검토도 가능하다. ChatGPT는 전 세계 다양한 사례를 참조하여 공약을 보다 현실적이고 효과적으로 조정하는 데 도움을 준다.

3) 선거 일정표 수립

선거 일정은 선거 캠페인의 성공 여부를 좌우하는 중요한 요소다. ChatGPT는 후보자의 선거 전략을 최적화하기 위해 맞춤형 선거 일정을 설계할 수 있다.
- 주요 이벤트 및 유세 일정 자동 배치
- SNS 및 언론 홍보 타이밍 최적화
- 주요 정책 발표 시점 설정

ChatGPT를 활용하면 선거 일정이 보다 체계적이고 효율적으로 운영될 수 있다.

4) 선거사무원 및 운동원 교육

선거사무원과 운동원은 선거 캠페인의 중요한 축이다. ChatGPT는 교육 자료를 자동으로 생성하여 일관된 메시지를 전달하고, 캠페인 전략을 보다 효과적으로 실행할 수 있도록 도와준다.
- 선거법 및 윤리 교육 자료 작성
- 유권자 대응 매뉴얼 생성
- 캠페인 일관성을 유지하기 위한 가이드라인 제공

ChatGPT를 활용하면 사무원과 운동원의 이해도를 높이고, 조직적인 선거운동을 가능하게 할 수 있다.

2. 선거 기간 활용법

1) 상대 후보 분석 및 대응 전략

선거에서 상대 후보의 전략을 분석하는 것은 필수적이다. ChatGPT는 경쟁 후보들의 공약과 발언을 분석하고, 이에 대한 대응 전략을 제공할 수 있다.

- 상대 후보의 주요 공약 비교 분석
- 상대 후보의 발언에서 모순점 찾기
- 상대 후보에 대한 반박 논리 및 대응 메시지 생성

ChatGPT는 이러한 분석을 통해 후보자가 보다 효과적으로 경쟁 후보와 차별화할 수 있도록 도와준다.

2) 선거 전략 및 전술

선거 전략은 성공적인 선거운동의 핵심이다. ChatGPT는 다양한 선거 전략과 전술을 분석하고, 후보자에게 맞는 최적의 방법을 추천할 수 있다.

전술 1: 타겟 유권자 맞춤 전략

- 유권자의 관심사와 데이터를 분석하여 맞춤형 메시지 제공
- 연령대, 직업군, 지역별 유권자 공략법 추천
- 특정 이슈에 대한 반응 예측 및 전략 조정

전술 2: 여론 주도 전략

- 소셜미디어 및 온라인 뉴스 트렌드 분석

- 이슈를 선점하여 후보자의 공약과 연결하는 전략
- 유권자들의 공감을 끌어낼 수 있는 메시지 구성

전술 3: 위기 대응 및 이미지 관리
- 부정적인 뉴스 및 공격에 대한 빠른 대응 메시지 생성
- 상대 후보의 네거티브 캠페인에 대한 반박 논리 준비
- 유권자들의 신뢰를 회복하는 감성적인 이야기 전달

ChatGPT는 이러한 다양한 전략과 전술을 실시간으로 분석하고 최적의 방향을 제시할 수 있다.

3) 선거 상황 분석 및 조정
선거 기간 동안 유권자들의 반응은 지속적으로 변할 수 있다. ChatGPT는 SNS 데이터와 여론 동향을 분석하여 캠페인 전략을 실시간으로 조정할 수 있도록 돕는다.
- 소셜미디어 및 뉴스 기사 데이터 분석
- 여론 변화 감지 및 전략 조정
- 후보자의 이미지 관리 및 위기 대응 전략 제공

이를 통해 선거 캠프는 빠르게 변화하는 선거 환경에서도 유리한 위치를 점할 수 있다.

3. 선거 후 활용법

1) 선거 결과 분석

선거가 끝난 후, ChatGPT는 선거 결과를 분석하고, 후보자의 강점과 약점을 평가하는 데 도움을 줄 수 있다.

- 투표율 분석 및 패턴 도출
- 주요 지지층과 반대층의 특징 분석
- 향후 선거를 위한 개선점 도출

2) 유권자와의 지속적인 관계 유지

- 선거 이후 감사 메시지 작성
- 유권자 대상 뉴스레터 및 업데이트 콘텐츠 생성
- 향후 정책에 대한 피드백 수집 및 분석

3) 차기 선거 준비

- 지난 선거에서 효과적이었던 전략 분석
- 새로운 공약 및 정책 방향 설정
- 홍보 및 브랜딩 전략 조정

Ment

ChatGPT는 선거 과정 전반에서 혁신적인 도구로 활용될 수 있다. AI 시대를 맞아 선거 전략도 보다 정교하게 변화하고 있다. ChatGPT를 활용하면 후보자는 효율적인 전략 수립, 효과적인 홍보 및 유권자 소통, 실시간 대응을 통해 선거에서 경쟁력을 갖출 수 있다.

전술 1.
타겟 유권자 맞춤 전략

선거에서 성공적인 전략은 단순히 모든 유권자에게 같은 메시지를 전달하는 것이 아니라, 각 유권자의 특성에 맞춰 맞춤형 메시지를 제공하는 데 있다. AI 기술, 특히 ChatGPT를 활용하면 유권자의 관심사와 데이터를 분석하여 보다 효과적인 캠페인을 전개할 수 있다.

타겟 유권자 맞춤 전략을 구체적으로 살펴보고, 이를 실현하는 방법을 다룬다.

1. 유권자의 관심사와 데이터 분석을 통한 맞춤형 메시지 제공

1) 유권자 데이터 수집 및 분석

현대 선거에서는 빅데이터 분석이 필수적이다. AI는 SNS, 설문조사, 뉴스, 검색 트렌드 등을 분석하여 유권자들이 어떤 주제에 관심을 가지는지 파악할 수 있다.

- SNS 데이터 분석: 유권자들이 자주 언급하는 키워드 및 해시태그 분석
- 구글 트렌드 활용: 특정 시기에 어떤 이슈가 유권자들에게 주목받는지 확인
- 설문조사 결과 분석: 유권자들이 가장 중요하게 생각하는 정책 우선순위 도출

ChatGPT는 이러한 데이터를 기반으로 유권자별 관심사를 정리하고, 이를 반영한 맞춤형 메시지를 생성할 수 있다.

2) 맞춤형 메시지 생성

유권자 관심사 분석 결과를 바탕으로 맞춤형 메시지를 제작하면 공감대를 형성할 가능성이 높아진다.

예를 들어:

- 청년층: "우리는 청년 창업 지원과 취업난 해결을 최우선 과제로 삼겠습니다. AI 기반 직업 매칭 시스템을 도입하여 여러분이 원하는 미

래를 찾을 수 있도록 지원하겠습니다."

- 중장년층: "주택 안정 정책을 강화하여 내 집 마련의 꿈을 실현할 수 있도록 돕겠습니다."
- 노년층: "노인 의료 복지를 강화하고, 노년층 일자리 확대 정책을 추진하겠습니다."

이러한 맞춤형 메시지는 ChatGPT를 활용하여 빠르게 생성할 수 있으며, 유권자 반응에 따라 실시간으로 조정할 수도 있다.

2. 연령대, 직업군, 지역별 유권자 공략법 추천

1) 연령대별 맞춤 전략

- 10~20대: SNS, 유튜브, 틱톡 등을 활용한 짧고 강렬한 영상 콘텐츠 제작
- 30~40대: 실용적인 정책 설명 및 가족, 경제 안정 관련 메시지 전파
- 50대 이상: 오프라인 유세 강화 및 신뢰감 있는 이미지 강조

2) 직업군별 맞춤 전략

- 학생: 등록금 지원, 청년 주거 정책 홍보
- 직장인: 일자리 안정, 근로환경 개선 공약 홍보
- 자영업자: 세금 감면, 지원금 확대 정책 홍보

- 농어업 종사자: 지역 특성을 반영한 맞춤형 지원책 강조

ChatGPT는 각 직업군에 맞춘 메시지를 자동으로 생성하고, 캠페인에 활용할 수 있도록 돕는다.

3) 지역별 유권자 공략법
- 도시 지역: 교통 인프라, 청년 일자리 창출, 스마트 시티 정책 강조
- 농촌 지역: 농업 지원금, 지역 경제 활성화 공약 강조
- 공업 지역: 중소기업 지원 정책 및 산업 활성화 대책 홍보

각 지역의 주요 관심사를 반영한 공약을 ChatGPT로 생성하여 지역별 맞춤형 캠페인을 진행할 수 있다.

3. 특정 이슈에 대한 반응 예측 및 전략 조정

1) 이슈 발생 시 신속한 대응
선거 기간 동안 예상치 못한 이슈가 발생할 수 있다. ChatGPT는 실시간으로 유권자들의 반응을 분석하고, 이에 따른 전략을 조정할 수 있도록 돕는다.

예를 들어:

- 경제 불안정 이슈 발생→ "우리 캠프의 경제 정책을 강조하고, 기존 공약을 재조정하여 경제 안정책을 강화해야 합니다."
- 환경 이슈 부각→ "탄소 중립 정책을 보다 적극적으로 홍보하고, 환경 관련 공약을 보강하는 것이 유리합니다."

2) 유권자 반응에 따른 전략 수정

ChatGPT는 유권자들의 반응 데이터를 수집하고, 어떤 메시지가 효과적인지 분석하여 선거 전략을 지속적으로 조정하는 데 활용할 수 있다.

- SNS 반응 분석: 후보자의 게시물에 대한 긍정/부정 반응 분석
- 유권자 피드백 반영: 유세 현장에서 받은 피드백을 데이터화하여 전략 수정
- 광고 및 홍보 조정: 반응이 좋은 메시지를 집중적으로 홍보하는 방식으로 예산 최적화

Ment

ChatGPT를 활용한 타겟 유권자 맞춤 전략은 선거에서 강력한 무기가 될 수 있다. 유권자의 관심사를 분석하고, 연령대와 직업, 지역별로 세분화하여 맞춤형 메시지를 제공하는 전략은 선거의 승패를 가를 수 있는 중요한 요소다. 또한, 선거 기간 중 발생하는 이슈에 신속하게 대응하고, 유권자 반응을 실시간으로 분석하여 전략을 조정하는 것이 중요하다. AI를 활용한 데이터 기반 선거 전략이 앞으로 더욱 주목받게 될 것이다.

전술 2.
여론 주도 전략

여론을 주도하는 소셜미디어 및 온라인 뉴스 트렌드 분석,

이슈를 선점하여 후보자의 공약과 연결하는 전략,

유권자들의 공감을 끌어낼 수 있는 메시지 구성에 대해 기술한다.

1. 소셜미디어 및 온라인 뉴스 트렌드 분석

ChatGPT는 SNS와 온라인 뉴스를 실시간으로 분석하여, 선거 기간 동안 어떤 이슈가 화제가 되고 있는지를 파악할 수 있다.

- **트위터 트렌드 분석:**
  특정 키워드가 얼마나 자주 언급되는지 확인
- **뉴스 기사 내용 요약:**
  후보자 및 주요 이슈 관련 보도 내용을 빠르게 파악
- **유권자 반응 분석:**
  댓글, 공유 횟수 등을 분석하여 여론의 흐름 예측

2. 이슈를 선점하여 후보자의 공약과 연결하는 전략

효과적인 선거 전략은 단순히 반응하는 것이 아니라, 이슈를 선점하고 주도하는 것이다.

예를 들어:
- **환경 이슈 부각 시:**
"우리 후보는 친환경 정책을 최우선 과제로 삼고 있습니다. 탄소중립 목표를 달성하기 위한 세부 계획을 공개하겠습니다."

- **경제 문제 대두 시:**

"우리 캠프는 일자리 창출을 위한 구체적인 방안을 이미 준비하고 있으며, 중소기업과 청년 창업 지원을 확대하겠습니다."

ChatGPT는 후보자의 기존 공약과 시의적절한 이슈를 연결하여 강력한 메시지를 만들어낼 수 있다.

3. 유권자들의 공감을 끌어낼 수 있는 메시지 구성

단순한 정보 전달이 아니라 감성을 자극하는 메시지가 필요하다. ChatGPT는 스토리텔링 기법을 활용하여 공감을 끌어낼 수 있는 스크립트를 작성할 수 있다.

- **사례 중심 메시지:** "청년 창업에 성공한 A씨의 사례를 소개하며, 우리의 정책이 현실에서 어떻게 도움을 줄 수 있는지 설명합니다."
- **감성적인 호소:** "어려운 시기를 겪는 소상공인들을 위해 우리는 보다 실질적인 지원책을 마련했습니다. 여러분과 함께 어려움을 극복하겠습니다."
- **비주얼 콘텐츠와 연계:** 인포그래픽, 영상 등으로 메시지를 전달하여 유권자들에게 강한 인상을 남길 수 있음

Ment

ChatGPT를 활용한 타겟 유권자 맞춤 전략과 여론 주도 전략은 선거에서 강력한 무기가 될 수 있다. 유권자의 관심사를 분석하고, 연령대와 직업, 지역별로 세분화하여 맞춤형 메시지를 제공하는 전략은 선거의 승패를 가를 수 있는 중요한 요소다. 또한, SNS와 뉴스 트렌드를 분석하여 이슈를 선점하고, 후보자의 공약과 연결하는 전략을 통해 선거 캠페인을 더욱 효과적으로 운영할 수 있다. AI를 활용한 데이터 기반 선거 전략이 앞으로 더욱 주목받게 될 것이다.

전술 3.
위기 대응 및 이미지 관리 전략

선거 과정에서 후보자는 언제든지 위기 상황을 맞이할 수 있다. 부정적인 뉴스, 상대 후보의 네거티브 공격, 실언, 논란 등이 발생했을 때 빠르고 효과적인 대응이 필요하다. ChatGPT는 데이터를 분석하여 최적의 대응 메시지를 작성하고, 후보자의 이미지를 회복할 수 있도록 돕는다.

1. 부정적인 뉴스 및 공격에 대한 빠른 대응 메시지 생성

선거 기간 동안 후보자와 관련된 부정적인 뉴스나 공격이 등장할 수 있다. 이러한 위기를 효과적으로 관리하기 위해서는 신속한 대응이 중요하다.

- SNS 및 언론 모니터링: ChatGPT는 SNS 및 뉴스 기사를 분석하여 부정적인 내용이 확산이 되는 속도를 예측하고, 대응의 긴급성을 판단할 수 있다.
- 즉각적인 공식 입장 작성: AI를 활용해 신속하게 공식 입장을 발표할 수 있도록 초안을 작성하고, 후보자의 스타일에 맞게 수정 가능
- 팩트 체크 및 반박 자료 제공: 상대 후보의 공격이 사실과 다를 경우, 이를 바로잡을 수 있는 논리적 자료를 생성하여 효과적으로 반박

예시: 만약 후보자가 특정 정책과 관련해 오해를 받는다면, ChatGPT는 해당 정책의 핵심 내용을 요약하고, 정확한 정보를 전달할 수 있는 답변을 생성할 수 있다.

2. 상대 후보의 네거티브 캠페인에 대한 반박 논리 준비

선거에서는 종종 상대 후보가 네거티브 캠페인을 펼친다. 이에 대한 효과적인 대응 논리를 준비하는 것이 필수적이다.

- 상대 후보의 발언 및 공약 분석: ChatGPT는 상대 후보의 발언과 공약을 분석하여 약점과 모순점을 찾아낼 수 있다.
- 반박 메시지 작성: 상대 후보의 비판에 대한 논리적 반박을 준비하고, 유권자들이 이해하기 쉬운 방식으로 설명
- 감정적 대응이 아닌 논리적 대응 전략 수립: 네거티브 캠페인에 휘말리지 않도록 신뢰성 있는 데이터를 활용한 반박 논리 구성

예시: 상대 후보가 "이 후보는 경제 정책에 대한 경험이 부족하다"라고 주장할 경우, ChatGPT는 해당 후보의 경제 관련 경험과 성과를 정리하고, 이를 바탕으로 효과적인 반박 메시지를 생성할 수 있다.

3. 유권자들의 신뢰를 회복하는 감성적인 이야기 전달

위기 대응에서 가장 중요한 것은 유권자들의 신뢰를 유지하고 회복하는 것이다. 단순한 반박을 넘어서, 감성적인 스토리텔링을 활용하면 더욱 효과적인 이미지 관리를 할 수 있다.

- 개인적인 이야기 활용: 후보자의 진솔한 경험을 공유하여 인간적인 면모 강조
- 실제 사례 소개: 후보자의 정책이 유권자의 삶에 긍정적인 영향을 미친 사례를 이야기로 전달
- 공감형 메시지 개발: "저 역시 여러분과 같은 고민을 했습니다."와 같은 유권자의 입장에서 생각하는 메시지 구성

예시: 부정적인 뉴스가 나왔을 때, 단순히 해명하는 것보다 후보자의 진솔한 이야기를 덧붙여 신뢰를 회복하는 것이 효과적이다. "제가 처음 정치를 시작했을 때, 가장 중요하게 생각했던 것은 국민과의 신뢰였습니다. 그렇기에 이번 논란에 대해 더욱 무겁게 받아들이고, 여러분과 솔직하게 소통하려 합니다."와 같은 감성적인 접근이 유권자들의 신뢰를 유지하는 데 도움이 된다.

Ment

ChatGPT를 활용한 타겟 유권자 맞춤 전략, 여론 주도 전략, 그리고 위기 대응 전략은 선거 캠페인의 성패를 좌우할 수 있는 핵심 요소다. 유권자의 관심사를 분석하고, 맞춤형 메시지를 제공하는 전략은 선거의 승패를 가를 수 있는 중요한 요소다. 또한, SNS와 뉴스 트렌드를 분석하여 이슈를 선점하고, 후보자의 공약과 연결하는 전략을 통해 선거 캠페인을 더욱 효과적으로 운영할 수 있다. 마지막으로, 부정적인 뉴스와 네거티브 캠페인에 대한 신속하고 감성적인 대응을 통해 후보자의 이미지를 유지하고 신뢰를 회복하는 것이 중요하다. AI를 활용한 데이터 기반 선거 전략이 앞으로 더욱 주목받게 될 것이다.

5장
선거 전략 수립과 캠페인 실행

선거에서 승리하기 위해서는 철저한 전략 수립과 체계적인 캠페인 실행이 필수적이다. 본 장에서는 선거 전략의 3대 요소(메시지, 조직, 자원)를 중심으로, 차별화된 전략 수립과 실행 방안을 구체적으로 살펴본다.

1. 선거 전략 3대 요소 : 메시지, 조직, 자원

성공적인 선거 캠페인은 메시지, 조직, 자원이 세 가지 요소를 효과적으로 조합하는 것에서 시작된다.

1) 메시지(Message)
후보의 핵심 가치와 정책을 전달하는 명확한 메시지가 필요하다.
메시지는 유권자의 관심사와 정서에 부합해야 한다.
단순하고 반복 가능하며, 감성적인 요소를 포함할수록 효과적이다.

예: "일자리 창출, 경제 회복!", "더 나은 미래, 지금 시작합니다!"

2) 조직(Organization)
선거운동을 실행할 수 있는 강력한 캠페인 조직이 필요하다.
선거캠프 구성: 전략팀, 홍보팀, 현장 조직팀, 법률팀 등 역할을 분담.
자원봉사자 및 지역 기반 네트워크를 최대한 활용.

3) 자원(Resources)
선거 비용은 대부분 홍보, 인건비, 행사비 등으로 사용되며, 효율적인 배분이 중요하다.
후원금 모금 전략을 수립하고, 소액 후원 및 기업 후원을 병행할 수 있다.
미디어 활용 및 자원 절약형 홍보 방식도 고려해야 한다.

2. 차별화된 핵심 전략 수립

경쟁 후보와 차별화된 강력한 전략이 필요하다.

경쟁 후보 분석

상대 후보의 강점과 약점을 분석하여 차별화 포인트를 설정.

기존 정치적 흐름과 주요 정책 방향을 파악.

후보 브랜드 확립

개인적인 스토리(예: 극복한 어려움, 지역사회 기여 경험)를 활용하여 인
간적인 면모 강조.

후보만의 강점을 돋보이게 하는 브랜드 정체성 확립.

핵심 공약의 차별화

유권자가 가장 관심을 가지는 2~3가지 주요 공약을 집중적으로 홍보.

공약을 실현할 수 있는 구체적인 실행 계획 제시.

3. 타겟 유권자 설정 및 공략법

선거에서 모든 유권자를 대상으로 할 수는 없으므로, 전략적인 타겟 설정이 필요하다.

1) 핵심 타겟 유권자 선정

기존 지지층: 변함없는 지지를 유지하도록 지속적인 접촉.

- **부동층(스윙보터):** 선거 결과를 좌우할 가능성이 크므로 집중 공략.
- **반대층:** 적극적인 설득보다는 중립적 태도로 이미지 개선 시도.

2) 세부 공략 전략

- **연령별:** 젊은층은 SNS 활용, 중장년층은 오프라인 모임 및 전화 홍보.
- **지역별:** 주요 지지세가 강한 지역은 결집을, 약한 지역은 최소한의 기반 확보를 목표.
- **직업군별:** 각 직업군이 중요하게 여기는 이슈를 반영한 메시지 전달.

4. 캠페인 슬로건과 브랜딩 전략

- 캠페인의 성공 여부는 강력한 슬로건과 일관된 브랜딩에 달려 있다.

1) 슬로건(Slogan)

- 짧고 강렬하며, 감정을 자극하는 문구여야 한다.
- 핵심 메시지와 공약이 자연스럽게 연계되어야 한다.

예:

"함께 만드는 변화!"

"더 나은 내일을 위해!"

"당신을 위한 정치!"

2) 후보 브랜딩

- 후보의 인물적 특징(신뢰감, 친근함, 개혁성 등)을 명확히 브랜딩.
- 일관된 디자인(로고, 색상, 글꼴)을 사용하여 시각적 통일감 유지.
- 후보의 이름과 메시지가 각종 홍보물에서 반복 노출되도록 구성.

5. 선거 일정과 타임라인 관리

선거일까지의 일정은 철저한 계획과 실행이 필요하다.

1) 캠페인 주요 단계
출마 선언 및 사전 홍보(6~12개월 전)
- 후보 인지도 상승을 위한 SNS 및 언론 활동.
- 핵심 공약 발표 및 지역 행사 참여.

본격적인 선거운동(3~6개월 전)
- 조직 정비 및 자원봉사자 모집.
- 거리 유세, 토론회, 유권자와의 대화 행사 개최.

집중 유세 기간(1~3개월 전)
- TV, 라디오, 유튜브 광고 집중 송출.
- 핵심 공약을 강조하는 대규모 유세.

마무리 및 투표 독려(선거일 직전)
- 우세 지역은 투표율 독려, 경합 지역은 마지막 총력전.
- 문자 메시지, 전화 홍보, SNS 콘텐츠 배포 강화.

2) 선거 당일 운영
투표소 지원 및 모니터링

- 주요 투표소에 캠프 관계자 및 자원봉사자를 배치하여 투표 진행 상황을 점검.

투표율 분석 및 대응
실시간으로 투표율을 확인하고, 낮은 지역에 추가적인 독려 활동 진행.

위기 대응 체계 가동
- 예상치 못한 상황(허위 정보 확산, 선거법 관련 이슈 등)에 즉각 대응할 수 있도록 법률팀 및 홍보팀 대기.

3) 개표 및 결과 발표 대응

캠프 내 개표 상황실 운영
- 개표 방송 및 지역별 개표 진행 상황을 모니터링하고, 주요 지역의 개표 결과를 실시간 분석.

승리 또는 패배 연설 준비
- 예상 결과에 따른 승리 또는 패배 연설문을 사전에 준비하여 발표.

지지자 및 캠프 관계자 격려
- 선거 과정에 헌신한 자원봉사자, 후원자, 캠프 관계자들에게 감사 인사 전달.

4) 선거 이후 활동

당선 시

즉시 인수위 구성 및 공약 이행 계획 구체화.

유권자들에게 감사 메시지 전달 및 지속적인 소통 약속.

선거 과정에서 함께한 팀원들의 공로를 인정하고 지속적인 협력 관계 유지.

낙선 시

깨끗한 패배 인정 및 지지자 위로 메시지 발표.

선거 과정 피드백 정리 및 향후 정치 활동 방향 검토.

캠프 해단식 및 관계자 감사 행사 진행.

이러한 일정을 통해 선거를 철저하게 관리하고, 마지막 순간까지 최선을 다할 수 있도록 해야 한다.

6. 효율적인 선거 예산 사용

예산을 적절히 배분하는 것이 승패를 좌우할 수 있다.

1) 주요 예산 항목

- 홍보비: 유세차, 홍보, 광고, 전단지, SNS 마케팅, 방송 출연 광고.
- 인건비: 선거 캠프 운영 인력 (유급자 한정), 운동원, 자원봉사자 관리 (무급).
- 행사비: 거리 유세, 집회, 후원 행사 등 개최.

2) 예산 절감 전략

- SNS, 유튜브 등 디지털 미디어를 적극 활용하여 전통적 광고비 절감.
- 자원봉사자를 활용한 오프라인 홍보로 비용 최소화.
- 후원금 모금을 체계적으로 관리하여 재정 안정성 확보.

3) 펀드 발행, 후원회 운용

- **펀드 발행:** 펀드 등을 검토 시행
- **후원회:** 조직 및 운용.

7. 미디어 대응 및 언론 홍보 전략

언론의 관심을 효과적으로 끌어야 선거 캠페인이 성공할 수 있다.

1) 언론 홍보 전략

- 보도자료 작성 및 배포: 후보의 주요 일정 및 정책 발표 시 보도자료 제공.
- 기자 간담회: 미디어와의 관계를 강화하고 적극적인 보도 유도.
- 인터뷰 및 토론회 출연: 후보의 신념과 정책을 직접 설명할 기회 활용.

2) 위기 대응 전략

- 부정적인 이슈 발생 시 신속하고 명확한 해명 필요.
- 가짜 뉴스나 상대 후보의 네거티브 공세에 대한 대응 매뉴얼 준비.
- 언론 인터뷰 및 SNS를 활용하여 후보의 입장을 지속적으로 강조.

Ment

선거는 단순한 경쟁이 아니라 철저한 전략 싸움이다. 명확한 메시지, 강한 조직력, 효율적인 자원 활용이 조화를 이뤄야 하며, 선거 일정과 타겟 유권자 전략을 정밀하게 계획해야 한다. 또한, 강력한 브랜딩과 미디어 대응이 뒷받침될 때 성공적인 캠페인을 실행할 수 있다.

6장
메시지와 공약 개발

선거에서 가장 중요한 부분 중 하나는 메시지와 공약이다. 유권자
들에게 후보의 비전과 정책을 전달하는 데 있어, 메시지가 얼마나
효과적이고 공약이 얼마나 실현 가능하며 설득력 있는지에 따라
선거 결과가 달라질 수 있다. 본 장에서는 승리하는 메시지와 공약
을 개발하는 방법, 그리고 공약을 효과적으로 전달할 수 있는 프
레임 설정법에 대해 구체적으로 다룬다.

1. 승리하는 메시지의 조건

메시지는 단순히 정책을 전달하는 것이 아니라 유권자들의 마음을 움직여야 한다. 따라서 효과적인 메시지를 개발하려면 몇 가지 조건을 충족해야 한다.

1) 명확성(Clearness)

메시지는 간결하고 명확해야 한다. 길고 복잡한 문장은 유권자에게 혼란을 줄 수 있다.

핵심 메시지는 한 문장으로 요약될 수 있어야 하며, 유권자가 쉽게 이해하고 기억할 수 있도록 해야 한다.

- **예:** "더 나은 교육, 더 나은 미래!" 또는 "모두를 위한 공정한 경제!"

2) 감성적 연결(Emotional Appeal)

유권자의 감정에 호소하는 메시지가 필요하다. 사람들은 감성적인 요소에 더 강하게 반응한다.

개인적인 경험이나 이야기를 통해 유권자와의 감성적 연결을 강화할 수 있다.

- **예:** "내가 겪은 어려움을 여러분도 알고 있습니다. 함께 극복합시다."

3) 차별화(Differentiation)

경쟁 후보와 차별화되는 메시지를 개발해야 한다. 이 메시지는 유권자들에게 후보만의 독특한 강점이나 비전을 전달해야 한다.

- **예**: "기존 정치인들과는 다른 새로운 변화의 리더, 제가 바로 그 사람입니다."

4) 실행 가능성(Feasibility)

메시지는 실현 가능하고 구체적인 실행 계획을 뒷받침해야 한다. 유권자는 현실적인 변화 가능성을 믿을 수 있을 때 지지한다.

- **예**: "3년 내에 일자리 100만 개 창출, 구체적인 세부 방안과 함께!"

5) 반복 가능성(Repetition)

메시지는 반복해서 전달될 수 있어야 한다. 유권자가 캠페인 동안 메시지를 자주 접할 수 있도록 다양한 채널을 통해 반복적으로 전달해야 한다.

메시지를 다양한 방식으로 반복하되, 지루함을 피하고 항상 신선한 방식으로 접근하는 것이 중요하다.

2. 유권자가 원하는 공약 만들기

공약은 유권자들의 실제 요구를 반영하고, 그들이 원하는 변화를 구체적으로 실현할 수 있는 방안을 제시해야 한다.

1) 유권자의 주요 관심사 파악

유권자들의 관심사는 경제, 일자리, 교육, 건강, 안전 등 다양한 영역에 걸쳐 있다. 먼저, 타겟 유권자층의 주요 관심사를 파악하는 것이 중요하다.
여론 조사나 현장 인터뷰, 소셜 미디어 모니터링 등을 통해 유권자들이 가장 중요하게 생각하는 문제를 파악해야 한다.

2) 실현 가능하고 구체적인 공약 설정

공약은 구체적이고 실행 가능한 방안으로 제시되어야 한다. 단순히 "일자리를 창출하겠다"는 막연한 약속보다는 "3년 내 100만 개의 일자리를 창출하겠다"는 구체적인 수치와 방안을 포함해야 한다.
공약은 단기적, 중기적, 장기적 목표로 나누어 설정할 수 있다. 유권자들은 빠른 변화를 원하는 동시에, 장기적인 비전도 중요하게 여긴다.

3) 공약의 우선순위 설정

유권자에게 전달할 공약은 우선순위를 두고 선택해야 한다. 한 번에 모든 문제를 해결하겠다고 나서는 것보다 가장 중요한 문제를 먼저 해결하겠다는 메시지를 전달하는 것이 효과적이다.

예를 들어,

경제 회복이 가장 중요한 문제라면 경제 공약을 가장 큰 비중으로 다루고, 교육과 복지는 그 다음 순위로 설정한다.

4) 유권자와의 신뢰 구축

공약은 신뢰를 주는 방식으로 제시해야 한다. 공약을 이행할 수 있는 능력이나 자원을 보여주는 것이 중요하다.

- **예:** "지난 10년간 지역 사회에서 일자리 창출을 위해 노력해왔습니다. 이제 그 경험을 바탕으로 전국적으로 확장할 수 있습니다."

5) 공약의 실행 계획

공약을 실현하기 위한 구체적인 실행 계획을 반드시 제시해야 한다. 유권자는 공약이 어떻게 실현될 것인지에 대해 상세한 설명을 원한다.

- **예:** "첫 100일 이내에, 경제 활성화를 위한 특별 법안을 제정하고, 중소기업 지원 확대 프로그램을 시행할 것입니다."

3. 공약의 프레임 설정법

공약을 제시할 때, 어떻게 프레임을 설정하는지가 매우 중요하다. 프레임은 유권자가 공약을 어떻게 받아들일지에 영향을 미친다.

1) 문제 정의와 해결책 제시

공약은 문제와 해결책을 하나의 이야기로 연결해야 한다. 유권자가 특정 문제를 인식하고, 그 문제를 해결할 수 있는 해결책을 제공하는 형식으로 공약을 전달한다.

- **예:** "지금 우리의 경제는 침체 상태에 있습니다. 이 문제를 해결하기 위해, 새로운 일자리 창출 프로그램을 시행하겠습니다."

2) 희망적이고 긍정적인 언어 사용

공약을 제시할 때 긍정적인 언어를 사용하여 유권자에게 희망적인 메시지를 전달한다. 비관적이고 부정적인 어조는 피하고, 미래에 대한 희망을 주는 방식으로 프레임을 설정해야 한다.

- **예:** "더 나은 미래를 위해 오늘부터 시작합시다!" 또는 "우리 모두가 이룰 수 있는 변화!"

3) 유권자의 자아와 연결

공약은 유권자의 자아와 연결될 수 있어야 한다. 유권자가 자신의 삶에 직접적인 영향을 받는다고 느낄 때, 공약은 더욱 강한 영향을 미친다.

- **예:** "여러분이 일자리 문제로 고통받고 있음을 알고 있습니다. 이 문제를 해결하는 것이 제 최우선 목표입니다."

4) 상호 연관성 강조

여러 공약이 있을 경우, 서로 연관성을 강조하여 유기적으로 연결된 메시지를 전달한다. 공약 간의 일관성이 있어야 유권자는 전체적인 비전이 신뢰성 있다고 느낄 수 있다.

- **예:** "경제를 활성화하면, 일자리가 생기고, 그로 인해 교육 기회가 확대될 것입니다. 이러한 선순환을 만들어가겠습니다."

Ment

메시지와 공약은 선거에서 중요한 전략적 요소다. 승리하는 메시지는 명확하고 감성적으로 유권자와 연결되며, 차별화된 요소가 필요하다. 유권자가 원하는 공약은 그들의 주요 관심사를 반영하고 실현 가능한 목표를 제시해야 한다. 마지막으로 공약의 프레임 설정법은 문제와 해결책을 명확히 연결하고, 긍정적인 언어와 유권자와의 연결을 통해 효과적으로 전달된다.

7장
선거 조직 구축

선거에서 조직의 효율성은 승패를 좌우하는 중요한 요소다. 유권자들과의 접점이 되는 현장 활동을 성공적으로 이끌기 위해서는 강력한 조직이 필요하다. 본 장에서는 지역 네트워크 활용법, 자원봉사자 및 핵심 조직 구성, 효과적인 유세팀 운영에 대해 살펴본다.

1. 지역 네트워크 활용법

선거운동에서 지역 사회와의 밀접한 연결은 필수적이다. 후보자가 유권자들과 직접 소통할 수 있는 기반을 마련하는 것이 핵심이다.

1) 지역 리더와의 협력

각 지역에서 영향력 있는 인사(종교 지도자, 학계 인사, 지역 사업가 등)와 협력 관계를 맺는 것이 중요하다. 이들은 유권자들에게 신뢰를 얻고 있으며, 후보자의 메시지를 효과적으로 전달하는 역할을 할 수 있다.

- **지지 선언:** 지역 리더의 공개적인 지지 선언은 캠페인에 신뢰성과 무게감을 더할 수 있다.

2) 지역 단체 및 커뮤니티와의 협력

지역 커뮤니티나 비영리 단체와 협력하면 후보자가 지역 내에서 실질적인 변화를 이끌 수 있음을 보여줄 수 있다.

특히 민속 행사, 지역 축제 등에 적극적으로 참여하고 후원하면 후보자가 지역사회와 밀접하게 연결되어 있다는 인상을 줄 수 있다.

3) 지역 현장 활동 강화

유권자 직접 만남: 지역 현장에서 유권자들과 대화하며 후보자에 대한 이해를 높이고, 정책을 설명하는 기회를 가져야 한다.

- **현장 방문:** 가정, 가게, 학교 등 다양한 현장을 방문해 유권자들의 목소리를 듣고, 이를 반영한 메시지를 개발해야 한다.

2. 자원봉사자 및 핵심 조직 구성

선거 캠페인을 효과적으로 운영하려면 강력한 자원봉사자 네트워크와 핵심 조직이 필수적이다. 자원봉사자는 선거운동의 동력이며, 핵심 조직은 캠페인의 방향과 목표를 설정하는 중추적인 역할을 한다.

1) 자원봉사자 모집과 관리

자원봉사자 모집: 온라인 플랫폼, 소셜 미디어, 지역 커뮤니티 등을 활용해 자원봉사자를 모집할 수 있다. 특히 SNS를 적극 활용해 참여를 독려해야 한다.

- **역할 분담:** 전화 홍보, 유세 현장 지원, 캠페인 자료 배포, 유권자 조사 등 역할을 명확히 분담해 효율성을 높여야 한다.
- **자원봉사자 교육:** 후보의 정책, 메시지, 유세 전략 등에 대한 교육을 제공해 일관된 메시지를 전달하도록 해야 한다.

2) 핵심 조직 구성

선거 본부는 전략 수립과 실행을 담당하는 핵심 팀으로 구성해야 한다. 주요 팀은 다음과 같다.

- **전략팀:** 선거 전략과 메시지를 개발하고 캠페인의 방향을 설정한다.
- **홍보팀:** 소셜 미디어, 언론 등 다양한 매체를 활용해 후보자의 메시지를 전달한다.
- **현장 운영팀:** 유세, 집회, 행사 등을 조직하고 현장 상황을 관리한다.
- **자원봉사자 관리팀:** 자원봉사자의 모집, 교육, 관리를 담당한다.

3) 핵심 인물의 역할

캠페인 매니저: 캠페인의 전체적인 진행을 조율하고, 모든 팀과 자원봉사자의 활동을 조정한다.

- **정책 및 공약 담당자:** 후보자의 공약과 정책을 개발하고, 이를 유권자들에게 효과적으로 전달할 방안을 마련한다.
- **커뮤니케이션 담당자:** 미디어와 소통하며 후보자의 메시지가 정확하게 전달되도록 한다.
- **지역 담당자:** 각 지역의 활동을 관리하고, 유권자들과 직접 소통한다.

3. 효과적인 유세팀 운영

유세팀은 선거 캠페인의 핵심적인 부분이다. 후보자의 존재감을 높이고, 유권자들에게 직접적인 영향을 미치는 역할을 한다.

1) 유세팀의 구성
- **유세 담당자:** 각 지역에서 후보자의 메시지를 전달하고, 유권자와 직접 만나 소통한다.
- **현장 운영팀:** 유세 일정, 장소, 안전 관리 등을 담당하며 유세 현장을 운영한다.
- **기획팀:** 유세 일정과 장소를 기획하고, 원활한 진행을 위해 모든 준비를 담당한다.

2) 유세 전략 수립
- **타겟 지역 설정:** 유세는 특정 지역을 선정해, 해당 지역 유권자들의 관심 이슈를 반영한 방식으로 진행해야 한다.
- **핵심 메시지 강조:** 선거 캠페인의 핵심 공약과 관련된 메시지를 지역별 특성에 맞게 전달해야 한다.
- **상호작용 중심 유세:** 후보자가 유권자들과 직접 소통하고, 질의응답을 통해 의견을 듣는 방식이 효과적이다.

3) 유세 활동의 채널 다변화
- **오프라인 유세:** 거리 유세, 집회, 세미나 등을 통해 유권자들과 직접

접촉하며 신뢰를 형성해야 한다.

- **온라인 유세:** SNS, 유튜브, 인터넷 방송 등을 활용해 후보자의 메시지를 널리 전파할 수 있다. 실시간 방송, Q&A, 인터뷰 등을 통해 적극적인 소통이 필요하다.

4) 유세 일정 관리

- **효율적인 시간 관리:** 후보자의 일정에 맞춰 각 지역에서 유세 활동을 적절한 시점에 진행해야 한다.
- **유권자 집중 시간대 활용:** 유세는 퇴근 시간이나 주말 등 유권자들이 많이 모이는 시간대에 집중적으로 진행하는 것이 효과적이다.

Ment

선거 캠페인의 성공은 조직 구축에 달려 있다. 지역 네트워크를 적극적으로 활용하고, 자원봉사자 및 핵심 조직을 체계적으로 운영하며, 효과적인 유세 전략을 수립해야 한다. 유권자들과의 신뢰를 구축하고, 후보자의 메시지를 명확하게 전달하는 것이 승리의 핵심이다. 강력한 조직과 유기적인 협력 체계를 구축하면 후보자는 보다 효과적으로 유권자들에게 다가갈 수 있다.

8장
선거 홍보 전략

선거 홍보는 선거의 꽃이다. 당선으로 가는 지름길이자 핵무기이
다. 어떤 툴과 전략을 사용하느냐가 당락의 관건이다.
실전에서 사용 가능한 도구들에 대해 세분화하여 기술한다.

1. 유권자가 후보자를 기억하게 만드는 전략

유권자가 후보자를 기억하게 만드는 전략은 매우 중요하다. 단순히 이름이나 얼굴을 기억하게 하는 것에 그치지 않고, 후보자의 메시지, 가치를 떠올리게 만들어야 한다. 이를 통해 유권자들이 자연스럽게 후보자를 떠올리고, 투표로 이어질 수 있게끔 해야 한다. 그럼, 유권자가 후보자를 기억하게 만드는 기발하고 특별한 전략을 몇 가지 제안해 보겠다.

1) 후보자의 개성 있는 슬로건

후보자의 슬로건은 기억에 남기 쉬운 문구여야 한다. 유권자가 쉽게 떠올릴 수 있는 문구는 반복적인 노출을 통해 머릿속에 각인된다. 예를 들어, "○○○ 후보, 우리가 바꿀 수 있다!"와 같은 강력하고, 희망적인 메시지를 반복적으로 노출시키는 것이 중요하다. 슬로건은 너무 길지 않고 간결해야 하며, 유권자들에게 긍정적인 이미지와 기대감을 줄 수 있어야 한다.

2) 후보자의 '미니 캠페인'

후보자는 일반적인 선거 캠페인뿐만 아니라, 작은 미니 캠페인을 여러 번 진행할 수 있다. 예를 들어, 특정 날마다 소소한 이벤트나 챌린지를 만들어 유권자들이 자연스럽게 참여할 수 있도록 한다. "○○○ 후보와 함께하는 5분 청소 챌린지!"나 "○○○ 후보와 함께 건강한 하루!" 같은 참여형 미션을 통해 유권자들이 후보자와 직접 소통하고, 이 활동을 SNS에 공유하면서 후보자에 대한 기억을 강화할 수 있다.

3) 후보자의 특이한 상징물

후보자에게만 연관된 상징물을 만드는 것도 유권자가 기억하기 좋다. 예를 들어, 후보자의 캐릭터나 특별한 로고를 만들고, 이를 후보자의 이미지 아이콘으로 사용하는 것이다. 이 상징물을 핀, 티셔츠, 모자 등에 적용하여 유권자들이 직관적으로 후보자와 연결시킬 수 있게 만든다. 이 상징물은 후보자가 메시지를 전달할 때마다 함께 등장하도록 하여 자연스럽게 유권자들에게 각인시킬 수 있다.

4) 유권자 참여형 콘텐츠 제작

후보자는 유권자들이 자신의 목소리를 낼 수 있는 콘텐츠를 제공함으로써 기억에 남을 수 있다. 예를 들어, "○○○ 후보와 함께 지역 문제 해결 아이디어를 보내주세요!"라고 제시하여 유권자들이 직접 후보자의 공약에 대한 아이디어나 의견을 제시할 수 있도록 한다. 이를 통해 유권자들은 자신이 후보자와 소통하고 있다는 느낌을 받게 되며, 기억 속에 깊이 남게 된다.

5) 후보자의 '스토리텔링'

후보자 본인의 개인적인 이야기나 과거의 경험을 공유하는 것도 유권자가 기억하는 데 큰 도움이 된다. 예를 들어, 후보자가 "어려운 시절을 겪으면서 느낀 교훈"이나 "이 지역에서 자라면서 경험한 문제들"에 대한 이야기로 공감을 이끌어낼 수 있다. 이러한 개인적인 이야기는 유권자들에게 친밀감을 주며, 후보자에 대한 신뢰와 긍정적인 이미지를 형성하는 데 기여한다.

6) 후보자만의 '구호' 와 연상 이미지

후보자와 관련된 구호를 만들고, 이를 유권자들이 따라 부를 수 있도록 한다. 이 구호는 후보자만의 독특한 문구로, 유권자들이 이를 외치면서 후보자에 대해 기억할 수 있도록 한다. 예를 들어, "○○○ 후보, 우리의 미래!"와 같은 간단한 구호를 유권자들에게 전파하고, 후보자와 관련된 이미지를 시각적으로 강화하여 유권자들이 그 구호와 함께 후보자를 기억할 수 있게 만든다.

7) '비하인드 스토리' 공개

후보자가 평소에는 공개하지 않았던 비하인드 스토리나 일상적인 모습을 공유하는 전략도 유권자들에게 친근감을 주는 데 매우 효과적이다. 예를 들어, 후보자가 일상에서 어떻게 시간을 보내고, 어떤 사람들과 만나는지, 그리고 자신이 중요하게 생각하는 가치관을 보여주는 것이다. 이러한 비하인드 스토리를 통해 유권자들은 후보자에 대한 관심을 더 기울이게 되고, 자연스럽게 기억하게 된다.

8) SNS에서 유권자와의 실시간 소통

후보자는 SNS를 통해 유권자들과 실시간으로 소통할 수 있어야 한다. "○○○ 후보의 하루를 실시간으로 함께!"와 같은 형식으로 후보자의 일상이나 활동을 실시간으로 공유하면서 유권자들과 적극적으로 소통한다. 실시간 소통을 통해 후보자의 인간적인 면모를 드러내고, 유권자들에게 친근하게 다가갈 수 있다. 이런 방식은 유권자들이 후보자와의 연결감을 느끼게 하고, 더 오래 기억하게 만든다.

9) 후보자와 관련된 문화적 요소 활용

후보자는 지역적 특성이나 문화적 요소를 활용하여 유권자들에게 각인될 수 있다. 예를 들어, 특정 지역의 전통이나 문화를 반영한 캠페인 활동을 하거나, 해당 지역에서 잘 알려진 인물이나 이벤트와 연계하여 후보자에 대한 인지도를 높인다. 이런 방식은 후보자가 해당 지역의 문화를 이해하고 존중한다는 이미지를 심어주어 유권자들이 더욱 기억할 수 있게 만든다.

10) 후보자 메시지를 일관되게 반복

후보자의 핵심 메시지나 공약은 반복적으로 유권자에게 전달되어야 한다. 후보자가 자주 슬로건이나 핵심 공약을 언급하며, 유권자들이 이를 듣고 기억할 수 있게끔 한다. 예를 들어, "○○○ 후보가 제시하는 미래는 우리의 성장입니다!"와 같은 핵심 메시지를 모든 활동이나 캠페인에 삽입하고, 이를 반복적으로 노출시킨다. 유권자들이 이 메시지를 반복적으로 접할수록 자연스럽게 후보자를 기억하게 된다.

11) 후보자만의 '특별한 하루' 기획

후보자는 특별한 하루를 기획하여 유권자들의 관심을 끌 수 있다. 예를 들어, "○○○ 후보와 함께하는 특별한 하루!"라는 이름으로 캠페인을 운영하며, 유권자들이 후보자와 함께하는 특별한 경험을 공유하게 만든다. 이러한 경험은 유권자들에게 잊을 수 없는 기억을 선사하고, 자연스럽게 후보자에 대한 기억을 강하게 남기게 된다.

결론적으로, 유권자가 후보자를 기억하게 만드는 전략은 후보자와 유권자 간의 감정적인 연결과 공감을 형성하는 데 초점을 맞추는 것이다. 이러한 전략을 통해 후보자는 단순히 기억에 남는 존재가 아니라, 유권자들이 자발적으로 지지하고 응원하는 인물로 자리잡을 수 있을 것이다.

2. 주소록, 인명부 확보 전략

선거에서 가장 중요한 자산은 '사람'이다. 그리고 그 사람들과의 연결 고리를 만들어야 선거에서 승리할 수 있다. 단순히 전화번호부나 주소록을 구하는 것이 아니라, 효과적으로 활용하고 확장하는 전략이 필요하다. 기존의 방식에서 벗어나 기발하고 특별한 방법으로 주소록과 인명부를 확보하는 방법을 정리해본다.

1) 네트워크 활용 전략

지인 네트워크 최대한 활용하기
- 핵심 관계자(후보, 캠프 관계자, 지역 유지, 오피니언 리더)들의 휴대 전화 연락처를 바탕으로 1차 명부 확보
- 친척, 친구, 동문, 종교 모임, 동호회 등을 활용하여 자연스럽게 연락처 공유 유도
- 캠프 구성원들에게 '지인 100명 명단 제출하기' 미션 부여

추천 릴레이 시스템 가동
- 명단 확보 시 한 명당 최소 3명 이상의 추가 명단을 추천하도록 유도
- '당신의 추천이 선거를 바꿉니다'라는 캠페인 진행
- 추천을 많이 한 사람에게 소정의 리워드 제공

2) 온·오프라인 자원 활용 전략

SNS와 커뮤니티 적극 활용
- 지역별 카카오톡 오픈채팅방 개설 후 가입 유도 (지역 이슈, 정책 토론)
- 페이스북, 밴드, 카페 등의 그룹에 적극적으로 참여하여 자연스럽게 명단 확보
- 선거 운동 관련 이벤트(퀴즈, 설문조사 등)를 진행하며 연락처 확보

설문조사와 관심사 그룹 활용
- 지역 현안에 대한 설문조사 진행 후 연락처 입력 유도
- 특정 관심사(육아, 부동산, 교통 등)에 대한 정보 제공을 미끼로 자연스럽게 가입 유도
- 지역 상인회, 직능 단체, 학부모 모임과의 연계를 통한 명단 확보

3) 현장 접촉을 통한 확보 전략

전략적 행사 개최
- 후보자와 함께하는 지역 간담회, 정책 설명회, 무료 건강검진 행사 등을 개최하여 명단 확보
- 참석자 명단을 받으며 친구나 가족 추천 란 포함
- 봉사활동, 마을 축제, 장터 등 지역 행사에서 적극적인 네트워킹

캠페인성 모금 및 서명 운동 활용

- 공익적 목적(환경 보호, 반려동물 복지 등)의 서명 운동을 진행하며 자연스럽게 연락처 수집
- 소액 모금 행사(기부금 전달, 후원회 모집) 등을 통해 적극적인 명단 확보

4) 데이터 확장 및 검증 전략

확보된 데이터 검증 및 활용
- 확보한 연락처를 중복 여부, 정확도 검증 후 활용
- 데이터베이스화하여 유권자 성향 분석 및 맞춤형 소통 전략 수립

스마트한 명단 관리 시스템 구축
- 확보한 명단을 체계적으로 정리하여 실시간 업데이트
- 캠프 내 역할별 접근 권한을 설정하여 효율적인 활용

이처럼 단순히 명단을 확보하는 것이 아니라, 이를 자연스럽고 전략적으로 확장하는 것이 중요하다. 시대가 변하면서 데이터 확보 방식도 진화해야 한다. 합법적이고도 효과적인 방법으로 명단을 구축하고, 이를 바탕으로 강력한 선거 캠페인을 펼쳐 나가자!

3. SNS를 활용한 후보자 홍보 전략

SNS는 현대 선거에서 가장 강력한 무기다. 기존 방식과 차별화된 기발한 방법으로 불특정 다수 유권자들에게 후보자를 각인시키는 전략을 정리해 본다.

1) '밈(meme) 마케팅' 활용하기
- 유머는 공유를 부른다. 후보자의 주요 공약이나 특징을 재치 있는 밈(짤)으로 제작하여 확산
- 후보자의 말버릇, 특징적인 표정, 행동 등을 활용한 패러디 콘텐츠 제작
- SNS에서 유행하는 트렌드(챌린지, 유행어 등)에 후보자를 자연스럽게 녹여서 참여

2) 초개인화 맞춤 홍보 전략
- 후보자의 메시지를 연령대별, 관심사별로 다르게 전달하는 알고리즘 활용
- 예: 20대 = 공약을 짧고 강렬한 영상(릴스, 틱톡), 30~40대 = 정책 설명형 카드뉴스, 50대 이상 = 페이스북과 밴드를 활용한 소통
- AI 챗봇을 활용해 후보자와 1:1 대화하는 듯한 경험 제공

3) 가상 후보자 '디지털 페르소나' 만들기
- 후보자의 캐릭터를 활용한 '디지털 아바타' 제작하여 메타버스, SNS

에서 활동
- 선거 기간 동안 가상의 후보 계정을 만들어 유권자와 실시간 소통
- '오늘의 후보자 AI 메시지' 기능을 통해 개인 맞춤형 응원 메시지 전달

4) UGC(User Generated Content) 전략
- 유권자들이 직접 홍보 콘텐츠를 제작하도록 유도 (예: '우리 동네 ○○○ 후보 응원하기' 챌린지)
- 특정 해시태그를 걸고 후보자 관련 콘텐츠를 올리면 리워드 제공
- 지역 주민 인터뷰, 자발적인 후보 지지 영상 등 바이럴 콘텐츠 유도

5) 실시간 이슈 선점 & 반응형 콘텐츠
- 뉴스 속보, 화제의 키워드에 빠르게 반응하는 카드뉴스 및 숏폼 영상 제작
- 유권자들이 관심 가질 만한 사회적 이슈에 대해 후보자의 입장을 빠르게 전달
- AI 기반으로 지역별 트렌드를 분석하고 맞춤형 메시지 발송

6) 게릴라 라이브 방송 전략
- 정해진 일정이 아닌 깜짝 라이브 방송으로 유권자와 실시간 소통
- 출퇴근길, 시장 방문, 길거리 연설 등 일상적인 모습을 실시간으로 공개하여 친근한 이미지 구축
- SNS 댓글 즉석 Q&A 진행하여 유권자들의 참여 유도

7) NFT & 블록체인 활용 홍보

- 후보자의 특별한 순간(유세 장면, 사인, 명언)을 NFT로 제작하여 배포
- 특정 미션(정책 공유, 지인 태그 등)을 달성하면 NFT를 보상으로 지급
- 디지털 소장품 개념으로 젊은 층의 관심 유도

8) 바이럴 '스토리텔링' 콘텐츠 활용

- 후보자의 인간적인 면을 강조하는 감동적인 스토리 콘텐츠 제작
- 후보자의 삶, 노력, 지역사회 기여 등을 짧은 영상이나 웹툰 형식으로 전달
- 실화 기반 '후보자와 유권자의 특별한 만남' 콘텐츠로 공감 유도

9) 틱톡·릴스 활용한 초단기 강렬 메시지

- 10~15초짜리 짧고 강렬한 공약 홍보 영상 제작
- 유권자 참여형 릴스/틱톡 챌린지 기획 (예: '내가 ○○○ 후보에게 묻는다' Q&A 시리즈)
- 유명 틱톡커·인플루언서와 협업하여 자연스러운 홍보

이 전략들을 조합하면 불특정 다수의 유권자들에게 후보자를 자연스럽게 홍보하고 강하게 각인시킬 수 있다. 단순 홍보를 넘어 재미있고, 참여하고 싶고, 기억에 남는 콘텐츠로 선거판을 흔들어보자!

4. 전화 홍보 전략

전화 홍보는 직접적인 소통이 가능하다는 점에서 여전히 강력한 선거 전략 중 하나다. 하지만 단순한 전화 걸기로는 유권자의 관심을 끌기 어렵다. 특별한 전략으로 전화 홍보를 효과적으로 운영하는 방법을 정리해 본다.

1) 감성 터치 & 맞춤형 전화 전략

- 단순한 선거 홍보가 아닌, '안부를 묻는 전화'로 접근하여 유권자의 경계를 허문다.
- 지역별, 연령별, 관심사별로 메시지를 다르게 설정해 맞춤형 소통.
- 예: "어르신, 이번 선거에서 ○○○ 후보가 어르신들 위해 준비한 정책 들어보셨나요?"
- 데이터 분석을 통해 유권자의 관심사를 미리 파악하고 전화 내용을 차별화.

2) '스토리텔링' 기법 활용

- 단순한 공약 나열이 아닌, 후보자의 진솔한 이야기와 감동적인 사례를 전달.
- "후보자가 직접 유권자의 고민을 듣고 해결한 사례" 등을 짧게 소개.
- 예: "한 청년이 ○○○ 후보 덕분에 창업 기회를 얻었습니다. 이런 변화가 더 많아지면 좋지 않을까요?"

3) 녹음된 메시지를 활용한 스마트 ARS 홍보

- 후보자가 직접 녹음한 짧고 친근한 메시지를 자동으로 전달.
- 일반적인 홍보 전화 대신 '개인 맞춤형 ARS'로 유권자가 직접 선택할 수 있도록 함.
- 예: "안녕하세요, 저는 ○○○ 후보입니다! 1번을 누르면 주요 공약을, 2번을 누르면 우리 동네 변화 계획을 들어보실 수 있습니다."
- 지지층을 대상으로 '지인 추천 ARS' 기능 도입 → "우리 가족, 친구에게도 후보자의 인사 전해드릴까요?"

4) '추천 릴레이' 전화 전략

- 기존 지지층을 활용해 전화 홍보를 확장하는 방식.
- 후보자를 응원하는 유권자들에게 "가족이나 지인 3명에게 전화로 추천해 주세요" 미션 부여.
- 소정의 인센티브나 참여 인증 이벤트 진행하여 확산 유도.
- 추천 릴레이 성공 사례를 SNS에서 공유하여 캠페인 활성화.

5) 감동+웃음 유머 코드 활용

- 딱딱한 홍보가 아닌, 유쾌한 톤으로 '재미있는 선거 전화' 진행.
- 예: "이번 선거, 아직 결정 못 하셨다고요? 그럼 ○○○ 후보의 한방 공약 들어보세요! 딱 30초만 투자하시면 후회 없으실 겁니다!"
- 후보자의 친근한 말투와 유머를 담아, 듣는 사람이 끝까지 경청하도록 유도.

6) '당신을 위한 1:1 맞춤 정책 상담' 전화

- 단순 홍보가 아닌, 유권자의 고민을 듣고 맞춤형 공약을 설명하는 방식.
- 예: "무엇이 가장 걱정되세요? 저희 후보가 해결책을 알려드립니다!"
- 유권자가 궁금한 점을 물어볼 수 있도록 양방향 소통 유도.
- 사전 설문을 통해 전화 상담을 원하는 유권자를 확보하고 맞춤형 안내.

7) '후보자 직접 통화' 이벤트

- 일정 시간 동안 후보자가 직접 랜덤으로 유권자에게 전화하여 소통하는 깜짝 이벤트.
- "혹시 ○○○ 후보랑 직접 통화해 보고 싶으세요? 이번 기회에 목소리로 응원받아보세요!"
- 이벤트 참여자를 모집하여 당첨된 유권자와 후보자가 직접 대화.

8) '전화+SNS 연계 홍보' 전략

- 전화를 받은 유권자가 후보자의 SNS 콘텐츠를 보게끔 유도.
- 예: "더 많은 정책이 궁금하시다면 카카오톡/유튜브에서 ○○○ 후보를 검색해 주세요!"
- 문자와 함께 후보자의 SNS 링크를 전송하여 자연스럽게 추가 홍보.

전화 홍보는 단순히 메시지를 전달하는 게 아니라, 유권자와의 신뢰를 쌓는 중요한 기회다. 기존 방식에서 벗어나 재미있고, 감동적이며, 맞춤형으로 접근하면 유권자들의 반응이 확 달라질 것이다. 이 전략들을 활용해 전화 홍보를 혁신적으로 진행해보자!

5. 유권자 1:1 대면 홍보 전략

1:1 대면 홍보는 후보자의 진정성을 직접 전달할 수 있는 가장 효과적인 방법이다. 하지만 단순한 악수와 명함 전달로는 유권자의 마음을 움직이기 어렵다. 특별한 전략으로 유권자와의 직접 소통을 극대화하는 방법을 정리해 본다.

1) '맞춤형 스토리텔링' 접근법

- 단순히 공약을 나열하는 것이 아니라, 유권자의 관심사에 맞춘 스토리를 전달.
- 예: 청년층에게는 '일자리 해결 스토리', 어르신들에게는 '복지 공약과 감동 사례' 전달.
- 유권자의 고민을 듣고 즉석에서 해결 방안을 제시하는 '상담형 대화' 방식 적용.

2) '이벤트형' 거리 홍보

- 단순히 거리에서 명함을 나눠주는 것이 아니라, 작은 이벤트를 결합해 참여 유도.
- 예: '즉석 정책 설문', '후보자와 가위바위보 한 판', '공약 퀴즈 풀기' 등.
- 참여한 유권자들에게 기념품 제공은 선거법 저촉 불가 사항으로 법규 준수 (예: 휴대용 손거울, 마스크, 텀블러 등 실용적인 아이템에 후보자 로고 삽입 배부 등은 절대 불가).

3) '1분 정책 상담소' 운영

- 유권자의 고민을 듣고 1분 안에 해결책을 제시하는 방식으로 짧고 강렬한 인상을 남김.
- 예: "어떤 정책이 가장 궁금하세요? 1분 안에 핵심만 설명해 드립니다!"
- 지나가는 유권자들이 부담 없이 참여할 수 있도록 가볍고 친근한 분위기 조성.

4) '게릴라형 스킨십 캠페인'

- 후보자가 예상치 못한 장소에서 깜짝 등장하여 유권자들과 직접 소통.
- 예: 출퇴근길 지하철역 앞, 번화가 카페 방문, 공원에서 산책하며 주민들과 대화.
- '오늘은 어디에 등장할까요?' 같은 SNS 예고를 통해 관심 유도.

5) '미니 토크쇼 & 공개 상담'

- 후보자가 직접 유권자들과 작은 규모의 토크쇼를 진행하는 형식.
- 예: 길거리에서 즉석으로 유권자의 질문을 받고 답변하는 '스탠딩 토크', '버스킹' 방식.
- 사전 모집을 통해 유권자들과 '소규모 간담회'를 진행해 진솔한 대화 유도.

6) '커피 한 잔 하며 대화하기' 전략

- 유권자가 선거사무실을 방문하여 "커피 한 잔 대화하기" 진행. (후보

자와 대화 등 초청 이벤트 가능)
- "커피 한 잔 하면서 후보자의 공약을 들어보세요!"라는 친근한 접근.
- 대화를 나눈 유권자에게는 후보자의 메시지가 담긴 감사 인사말 (선물 증정 불가).

※ 관련 법 조항

공직선거법 제113조(후보자의 기부행위 제한)
후보자 및 그 배우자는 선거구 내에서 기부행위를 할 수 없습니다.
음식물, 금품, 물품 제공 등이 포함됩니다.

공직선거법 제116조(선거운동과 관련된 기부행위 제한)
선거운동과 관련하여 음식물이나 물품을 제공하는 행위는 금지됩니다.
단, 법에서 정한 범위 내에서 선거사무소에서 제공하는 음료 등은 예외로 인정될 수 있음.

[위반 가능성]

실외에서 무료 커피 제공은 유권자에게 음식물(음료)을 제공하는 행위로 간주될 수 있음.

커피를 제공하면서 공약을 설명하는 것은 선거운동과 연계된 기부행위로 볼 가능성이 큼.

커피 외에도 메시지가 담긴 작은 선물을 주는 것은 기부행위의 범위를 더욱 확대할 위험이 있음.

[대안]

실외의 경우, 커피를 직접 제공하지 않고, 후보자의 메시지를 담은 캠페인만 진행(예: 커피 트럭을 활용하되, 커피는 유권자가 직접 구매하게 함)

기부행위가 허용되는 선거사무소 내에서만 음료 제공(공직선거법에 따르면, 선거사무소 내에서 제공하는 다과 등은 제한적으로 허용됨)

7) '1일 후보 체험' 프로그램

- 유권자가 직접 후보자의 역할을 체험해 볼 수 있는 이벤트 운영.
- 예: "후보자가 된다면? 당신이 시장이라면 어떤 정책을 만들겠습니까?"
- 유권자가 직접 정책 아이디어를 내고, 후보자가 이를 반영하는 과정을 SNS로 홍보.

8) '도보 유세 & 반려동물 친화 홍보'

- 차량 중심 유세가 아닌, 후보자가 직접 걸으며 주민들과 소통하는 방식.
- 반려동물을 키우는 유권자를 대상으로 '강아지 산책하며 대화하는 시간' 운영.
- 반려동물 간식 제공, 유권자의 관심사를 반영한 맞춤형 홍보로 호감도 상승.

9) 'QR 코드 활용 맞춤 홍보'

- 후보자의 명함이나 배너에 QR 코드를 삽입하여, 유권자가 자신의

관심 분야에 맞는 공약을 바로 확인할 수 있도록 유도.

- 예: '청년 공약', '복지 정책', '교통 개선' 등 카테고리별로 나누어 QR 연결.
- QR을 찍으면 후보자의 SNS로 연결되어 지속적인 홍보 효과 창출.

10) '유권자 참여형 SNS 홍보' 연계

- 후보자와 유권자가 함께 찍은 사진을 해시태그와 함께 SNS에 올리 도록 유도.
- 유권자가 후보자의 공약을 직접 설명하는 '시민 홍보대사' 콘텐츠 제작.
- 예: "내가 뽑은 최고의 공약은? 시민들이 직접 뽑은 베스트 공약" 시 리즈 영상 제작.

1:1 대면 홍보는 단순한 명함 돌리기가 아니라, 유권자와의 진정한 소통을 목표로 해야 한다. 후보자가 직접 유권자의 삶 속으로 들어가 이야기를 듣고 공감하는 전략이 효과적이다. 기존 방식을 넘어선 혁신적인 접근법으로 유권자의 마음을 사로잡아보자!

6. 상가 방문 홍보 전략

상가 방문 홍보는 지역 상인들과 직접 소통하며 후보자의 친밀도를 높이는 중요한 전략이다. 단순한 명함 배포나 인사만으로는 유권자의 관심을 끌기 어렵다. 보다 특별한 방법으로 효과적인 상가 방문 홍보 전략을 정리해 본다.

1) '가게 맞춤형 공약' 맞춤형 대화 전략
- 무조건적인 홍보가 아니라, 업종별 맞춤형 공약을 제시하는 방식.
- 예: 식당에는 '소상공인 지원 공약', 학원에는 '교육 지원 공약' 강조.
- "사장님께 도움이 될 만한 정책이 있습니다"라는 접근으로 대화 시작.
- 사전 조사한 정보를 바탕으로 업종별 고민을 듣고 해결책을 제시.

2) '우리 동네 경제 살리기' 챌린지 연계
- 지역 상인들과 협력하여 '우리 동네 ○○○○ 살리기' 캠페인 진행.
- 예: "이 가게를 응원합니다!" 해시태그와 함께 후보자가 직접 SNS에 소개.
- 후보자가 방문한 가게마다 간단한 인터뷰를 진행해 홍보 효과 극대화.

3) '1일 점원 체험' 이벤트
- 후보자가 직접 가게에서 짧게 일하며 상인들과 소통하는 이벤트 진

행.

- 예: 카페에서 커피 서빙, 슈퍼마켓에서 계산대 체험 등.
- "상인들의 애로사항을 직접 체험하고 정책으로 해결하겠습니다"라는 메시지 전달.
- SNS 생중계를 통해 자연스러운 홍보 효과 창출.

4) '사장님 고민 상담소' 운영

- 후보자가 직접 상인들의 애로사항을 듣고 정책적 해결책을 제시하는 방식.
- "요즘 어떤 어려움이 가장 크세요?"라는 질문으로 자연스럽게 대화 시작.
- 주요 고민들을 모아 정책 제안으로 연결하고, 이를 홍보 콘텐츠로 제작.

5) '고객 유입 이벤트' 와 연계한 홍보

- 후보자가 직접 가게에 고객을 유입시켜주는 형태의 이벤트 진행.
- 예: "이 가게에서 1만 원 이상 구매하시면 소정의 선물을 드립니다"와 같은 가게 자체 비용 프로모션.
- 가게에 실질적인 도움이 되는 방식으로 상인들의 지지 확보.

6) '상인 추천 릴레이' 캠페인

- 방문한 가게에서 다른 가게를 추천받아 홍보를 자연스럽게 연결.
- 예: "옆 가게 OOO도 후보자님을 만나고 싶어 하시더라고요!"
- 네트워크를 활용한 자연스러운 확산 효과 창출.

7) '상가 공동체와 협업' 전략

- 지역 상가 협회, 번영회 등과 협력하여 단체 미팅 진행.
- '소상공인 간담회' 형식으로 정책 토론 및 의견 청취.
- 후보자의 관심과 실질적 지원 의지를 강조하여 신뢰 확보.

8) '방문 인증 SNS 홍보' 유도

- 방문한 가게와 함께 사진을 찍고 SNS에 업로드하는 방식.
- 해시태그를 활용해 자연스럽게 바이럴 홍보 진행.
- 예: "○○○ 후보가 방문한 우리 가게, 응원합니다! #소상공인과 함께 #지역경제 살리기"

9) '야시장 & 로드샵 맞춤 홍보'

- 유동 인구가 많은 지역(야시장, 전통시장, 번화가 등)에서 즉석 이벤트 진행.
- 예: "OX퀴즈 맞히기 – 선물 없음 (선물 증정 불가)
- ※ "OX퀴즈 맞히면 후보자의 특별 선물 증정!" 같은 흥미 요소 결합. (절대 불가)
- 시장 상인들과 협력하여 공동 홍보 및 지역 상권 활성화 캠페인 진행.

※ '명함 대신 맞춤형 기념품' 배부 (절대 불가)

- 기존 명함 대신 실용적인 아이템을 제공해 후보자의 인상을 남김. (절대 불가)
- 예: 손님들이 자주 사용하는 '볼펜', '포스트잇', '에코백' 등에 후보자

로고 삽입. (절대 불가)

- "이걸 보실 때마다 ○○○ 후보를 떠올려 주세요"라는 멘트와 함께
  전달. (절대 불가)
- 상가 방문 홍보는 단순한 명함 배포가 아니라, 유권자와의 실질적인
  소통과 관계 형성이 핵심이다. 기존의 방식에서 벗어나, 상인들에게
  직접적인 도움을 주면서 자연스럽게 후보자를 알리는 전략이 효과
  적이다. 이 전략들을 조합해 상가 방문을 보다 창의적이고 강력한 홍
  보 기회로 만들어보자!

7. 경로당 방문 홍보 전략

경로당 방문은 어르신들과 직접 소통하며 후보자의 따뜻한 이미지를
각인시키는 중요한 전략이다. 단순한 명함 배포나 인사말만으로는 인상을
남기기 어려우므로, 보다 특별한 방법으로 효과적인 경로당 방문 홍보전
략을 정리해 본다.

1) '건강 & 복지 상담' 맞춤형 대화 전략
- 어르신들이 관심 가질 만한 건강, 복지, 연금 등 맞춤형 공약을 중심
  으로 대화 진행.
- 예: "어르신, 요즘 가장 불편한 점이 뭐세요? 저희 후보가 해결책을

준비했습니다!"

- 개인적인 고민을 듣고 맞춤형 정책을 설명하여 공감대 형성.

2) '추억의 노래방 & 레크리에이션' 이벤트

- 후보자가 직접 레크리에이션 진행, 트로트 노래 함께 부르기 등으로 친근한 분위기 조성.
- 예: '추억의 노래 맞히기', '고스톱 한 판', '전통 놀이 체험' 등 게임 진행.
- 행사 진행 중 자연스럽게 후보자의 정책을 소개하는 방식.

3) '무료 건강 체크 서비스' 연계

- 간호사 및 자원봉사단과 협력하여 혈압 체크, 건강 상담 부스 운영.
- 건강 체크 후 어르신들에게 후보자의 정책과 맞춤형 공약을 소개.
- 건강 상담을 받으며 자연스럽게 대화가 이어지도록 유도.

4) '1일 경로당 체험' 후보자 직접 참여

- 후보자가 어르신들과 함께 생활하며 애로사항을 직접 듣고 체험.
- 예: 장기·바둑 한 판, 수다 타임, 운동 시간 함께하기 등.
- 후보자가 직접 어르신들과 어울리며 친밀감 형성.

5) '어르신들의 이야기 듣기' 캠페인

- 경로당에서 어르신들의 불편 사항과 정책 제안을 직접 듣는 형식.
- 예: "우리 마을을 위해 어떤 변화가 필요할까요?"라는 질문으로 의견 수렴.
- 수집된 의견을 정책에 반영하고, 이를 홍보 콘텐츠로 활용.

6) '손주 사랑 캠페인' 연계 홍보

- 손주들을 위한 교육·복지 공약을 강조하며 어르신들의 관심 유도.
- 예: "어르신, 손주가 더 좋은 환경에서 공부할 수 있도록 준비했습니다!"
- 손주 관련 공약을 설명하며 후보자의 정책적 진정성을 강조.

7) '경로당 추천 릴레이' 캠페인

- 방문한 경로당에서 다른 경로당을 추천받아 자연스럽게 홍보 확산.
- 예: "다른 경로당에도 가면 좋겠네요! 추천해 주실 곳 있나요?"
- 경로당 네트워크를 활용한 자연스러운 입소문 전략.

8) '어르신 맞춤형 SNS 홍보' 연계

- 후보자와 어르신이 함께 사진을 찍고, 가족들에게 SNS 공유 유도.
- 예: "손주에게 사진 보내드리면 손주들이 ○○○ 후보를 알게 될 거예요!"
- 가족 단위로 후보자의 인지도를 높이는 효과 창출.

※ '어르신 맞춤형 기념품' 활용 (선거법 위반, 절대 불가)

- 단순한 명함보다 실용적인 기념품 제공으로 후보자의 이미지 각인. (절대 불가)
- 예: '큰 글씨 달력', '효자손', '파스', '손수건', '건강 수첩' 등에 후보자 이름 삽입. (절대 불가)
- "이걸 보실 때마다 ○○○ 후보를 떠올려 주세요"라는 멘트와 함께 전달. (절대 불가)

※ '경로당 다과 이벤트' 진행 (선거법 위반, 절대 불가)

- 간단한 다과(떡, 과일, 음료 등)를 제공하며 따뜻한 정을 나누는 시간. (절대 불가)
- "어르신들 건강 챙기시라고 준비해 왔습니다!"라는 멘트로 친근하게 접근. (절대 불가)
- 간식 시간에 후보자의 공약을 부담 없이 소개하는 기회로 활용. (절대 불가)

※ 후보자의 부모가 다니는 경로당 방문의 경우 예외 조항 참조.

경로당 방문 홍보는 단순한 명함 배포가 아니라, 어르신들의 삶에 직접 다가가 소통하는 것이 핵심이다. 친근하고 따뜻한 접근을 통해 유권자와의 정서적 유대감을 형성하고, 실질적인 도움을 주는 방식으로 후보자의 신뢰도를 높여보자!

8. 단체 및 시설 방문 홍보 전략

단체 및 시설 방문은 특정 집단과 관계를 형성하고, 후보자의 정책을 직접 알릴 수 있는 중요한 기회다. 하지만 단순한 방문만으로는 깊은 인상을 남기기 어렵다. 효과적인 홍보 전략을 정리해 본다.

1) '맞춤형 정책 제안' 접근법
- 방문하는 단체나 시설의 특성을 사전에 조사하여 맞춤형 공약을 제시.
- 예: 복지시설에는 '사회복지 정책', 기업체에는 '경제 활성화 공약', 학교에는 '교육 정책' 강조.
- "이 단체(시설)에 꼭 필요한 정책을 준비해 왔습니다"라는 접근으로 관심 유도.

2) '현장 체험 & 후보자 직접 참여' 전략
- 후보자가 직접 시설 운영을 체험하며 관계 형성을 강화.
- 예: 복지시설에서 봉사활동, 기업에서 직원들과 함께 일하기, 체육시설에서 운동 체험 등.
- 체험 과정을 SNS로 홍보하여 진정성을 부각.

※ '시설 맞춤형 기념품' 활용 (절대 불가)
- 명함 대신 실용적인 아이템을 제공하여 후보자의 이미지를 각인. (절대 불가)

- 예: 기업 방문 시 '볼펜, 다이어리', 복지시설 방문 시 '손세정제, 건강 수첩', 학교 방문 시 '포스트잇, 텀블러' 등. (절대 불가)
- "이걸 보실 때마다 ○○○ 후보를 기억해 주세요"라는 멘트와 함께 전달. (절대 불가)

3) '후보자와 함께하는 미니 토론회' 개최

- 방문한 단체와 소규모 간담회를 열어 현장의 목소리를 직접 청취.
- 예: 기업체에서는 '경제 발전을 위한 정책 토론', 복지시설에서는 '복지 향상 방안 논의' 진행.
- 의견을 듣고 이를 정책에 반영하겠다는 메시지 전달.

4) '단체 추천 릴레이' 캠페인

- 방문한 단체에서 다른 단체를 추천받아 홍보를 자연스럽게 확산.
- 예: "다른 단체 중에도 저희 후보를 만나고 싶어 하는 곳이 있을까요?"
- 단체 네트워크를 활용한 자연스러운 입소문 효과 창출.

5) '현장 즉석 정책 발표' 이벤트

- 방문한 시설에서 즉석으로 관련 정책을 발표하고 피드백 받기.
- 예: "이 시설을 위한 맞춤형 공약을 발표합니다! 의견을 들려주세요."
- 직접적인 소통을 통해 정책에 대한 신뢰도를 높이는 효과.

6) '시설 홍보와 연계한 상생 캠페인'

- 후보자가 방문한 시설을 SNS로 홍보하여 단체 및 시설의 인지도 상

승 효과.

- 예: "이 시설은 우리 지역의 자랑입니다! 많은 관심 부탁드립니다"라는 메시지와 함께 게시.
- 후보자의 긍정적인 이미지 형성과 시설과의 협력 강화.

7) '맞춤형 설문조사 & 의견 청취'

- 방문한 단체의 구성원들에게 정책 관련 설문조사 진행.
- 예: "가장 필요한 정책은 무엇인가요? 의견을 들려주시면 반영하겠습니다."
- 수집된 데이터를 활용하여 정책 개발 및 홍보 콘텐츠 제작.

8) '후보자와 함께하는 체험 프로그램'

- 단체의 특성을 반영한 체험 프로그램 운영.
- 예: 체육시설에서는 '함께 운동하기', 문화 단체에서는 '문화 체험', 기업에서는 '직장인 1일 체험'.
- 직접 참여하며 유권자들과 친밀감을 높이는 기회로 활용.

9) 'SNS 홍보 및 챌린지 연계'

- 방문한 단체와 함께 사진 촬영 후 SNS에 해시태그와 함께 업로드.
- 예: "#○○○ 후보자와 함께 #지역발전 #단체 방문" 등으로 홍보.
- 유권자들이 직접 참여할 수 있는 챌린지를 만들어 바이럴 효과 창출.

단체 및 시설 방문 홍보는 단순한 인사보다 맞춤형 접근과 적극적인 참여가 중요하다. 단체와의 협력을 통해 신뢰를 쌓고, 후보자의 정책을 실질적으로 전달하는 방식이 효과적이다. 이 전략들을 활용하여 보다 창의적이고 강력한 홍보 효과를 만들어보자!

9. 현수막(플래카드) 홍보 전략

현수막은 선거 홍보에서 빠질 수 없는 필수적인 도구다. 하지만 단순한 이름과 얼굴, 번호만 적는 식의 기존 방식으로는 유권자들의 관심을 끌기 어렵다. 기발하고 특별한 방법으로 효과적인 현수막 홍보 전략을 정리해 본다.

1) '메시지 차별화' 전략
- 기존의 틀을 깨는 창의적인 문구 사용.
- 예: "이제 ○○○ 할 때입니다!", "내 삶이 바뀌는 한 표, ○○○", "다들 뽑는다고 하더라?"
- 유머, 감성, 공감을 자극하는 문구를 사용해 시선 집중.

2) '현수막 위치 최적화' 전략
- 유권자의 동선을 고려하여 전략적으로 설치.
- 출퇴근길, 상가 밀집 지역, 시장, 버스 정류장, 횡단보도 근처 등 유동

인구가 많은 곳 선정.

- 경쟁 후보들의 현수막과 차별되는 위치와 디자인으로 눈에 띄게 배치.

3) 'QR 코드 활용' 스마트 홍보

- 현수막에 QR 코드를 삽입해 모바일 페이지로 연결.
- 예: QR 코드를 스캔하면 후보자의 공약 영상, SNS, 카카오톡 채널로 이동.
- "궁금하면 찍어보세요!" 같은 문구로 QR 코드 활용 유도.

4) '타깃별 맞춤형 현수막'

- 지역별, 연령별 유권자 맞춤형 문구 사용.
- 예: 대학가 근처 → "청년이 행복한 도시! ○○○",

전통시장 → "서민경제 살리는 ○○○",

아파트 단지 → "주거복지 확실하게!"

다양한 메시지를 통해 맞춤형 홍보 진행.

5) '이벤트 현수막' 활용

- 특정 행동을 유도하는 참여형 홍보.
- 예: "이 현수막과 사진 찍어 SNS에 올리면 대화 초청"

※ 선물 증정 (절대 불가)

- "○○○ 후보에게 응원의 한마디를 남겨주세요!"
- SNS와 연계한 바이럴 마케팅 효과 극대화.

6) '날씨·시사 연계 문구' 사용

- 시기에 맞춘 현수막 문구 활용.
- 예: 비 오는 날 → "이제 정치도 깨끗하게! ○○○",

  무더위 → "시원한 정책, ○○○가 준비했습니다!",

  명절 → "행복한 명절, 더 행복한 미래 ○○○"

  유권자들에게 친숙하고 공감되는 메시지로 접근.

7) '미니 현수막' & '플래카드 스팟 홍보'

- 대형 현수막뿐만 아니라, 눈에 띄는 미니 현수막 활용.
- 신호등, 가로등, 자전거 거치대 등 의외의 장소에 소형 플래카드 배치.
- "여기서도 ○○○!", "길 가다 한 번만 봐주세요!" 같은 문구로 재미 요소 추가.

8) 'SNS 확산형 현수막'

- 해시태그와 연계하여 SNS 홍보 유도.
- 예: "#○○○_당선_기원", "#변화의시작_한표부터"
- 유권자들이 사진을 찍어 자연스럽게 확산할 수 있도록 유도.

9) '대형 배경 현수막' 활용

- 선거사무소 건물 외벽, 대형 건물 등에 초대형 현수막 설치.
- 압도적인 크기로 유권자들의 관심을 유도.
- 예: "이 도시를 바꿀 사람, ○○○!"

10) '환경친화적인 현수막' 홍보

- 친환경 소재 사용으로 차별화된 이미지 강조.
- 현수막 철거 후 재활용 가능하도록 제작 및 공약 연계.
- "환경도 생각하는 후보, ○○○" 같은 메시지로 신뢰도 상승.

현수막 홍보는 단순한 정보 전달이 아니라, 유권자들의 시선을 사로잡고 공감을 이끌어내는 것이 핵심이다. 이 전략들을 조합하여 보다 창의적이고 효과적인 현수막 홍보를 진행해 보자!

10. 선거벽보 홍보 전략

선거벽보는 공식적인 홍보 수단이지만, 정해진 틀 안에서 차별화된 메시지와 디자인을 활용하면 강력한 인상을 남길 수 있다. 단순한 사진과 공약 나열에서 벗어나 유권자의 시선을 사로잡을 수 있는 전략을 정리해 본다.

1) '첫눈에 기억되는 디자인' 활용

- 기존의 딱딱한 배경 대신 강렬한 색상과 감각적인 디자인 사용.
- 예: 후보자의 얼굴을 클로즈업하거나, 상징적인 이미지(예: 깃발, 도로, 책 등) 삽입.

- 유권자들이 지나가면서도 기억에 남도록 시각적 임팩트 극대화.

2) '슬로건을 한 문장으로 강렬하게'

- 짧고 강력한 한 줄 메시지로 눈길을 끌기.
- 예: "믿고 맡길 수 있는 사람, ○○○!",
- "당신의 한 표가 미래를 바꿉니다!",
- "이제는 바꿔야 합니다!"
- 메시지를 직관적으로 전달해 한 번 보면 기억에 남도록 구성.

3) '차별화된 표정 & 포즈' 활용

- 전통적인 정자세보다 친근한 미소, 악수, 행동하는 모습 등을 활용.
- 예: 팔짱을 끼고 자신감 있는 자세, 시민과 함께 있는 모습 등.
- 유권자들이 신뢰와 친근함을 동시에 느끼도록 연출.

4) 'QR 코드 & SNS 연계'

- 벽보에 QR 코드를 삽입해 후보자의 홍보 영상, SNS, 정책 페이지로 연결.
- "더 알고 싶다면 QR 코드를 찍어보세요!" 같은 문구로 유도.
- 디지털 홍보와 연계하여 벽보 이상의 확장 효과 창출.

5) '공약을 숫자로 강조'

- 복잡한 공약보다 핵심 숫자로 직관적 전달.
- 예: "세금 30% 절감",
  "100만 개 일자리 창출",

"교육 예산 2배 증가"

공약을 기억하기 쉽게 요약하여 신뢰도 상승.

6) '지역 특성을 반영한 메시지'

- 해당 지역 유권자들의 관심사와 연결되는 문구 삽입.
- 예: 농촌 지역 → "농민이 행복한 OO시",
- 도심 지역 → "출퇴근이 편한 도시로!"
- 유권자들이 공감할 수 있도록 맞춤형 메시지 구성.

7) '사진 속 숨은 의미 넣기'

- 단순한 얼굴 사진이 아니라 후보자의 가치관을 담은 이미지 활용.
- 예: 배경에 지역 랜드마크 배치, 시민들과 함께 있는 모습 연출.
- 메시지와 사진이 조화를 이루어 자연스럽게 홍보 효과 극대화.

8) '공간 활용 극대화'

- 법적 규격 안에서 텍스트 배치와 여백을 최적화하여 가독성 확보.
- 군더더기 없는 디자인으로 한눈에 핵심 메시지가 들어오도록 구성.
- 지나가면서도 빠르게 인식할 수 있는 간결한 구조.

9) '스토리텔링 기법 적용'

- 벽보에 짧은 문장으로 후보자의 비전과 철학을 전달.
- 예: "OOO, 이렇게 살아왔습니다. 이제는 여러분을 위해 일하겠습니다."
- 단순한 홍보가 아닌 감성을 자극하는 접근법으로 공감대 형성.

10) '유권자 행동 유도 문구 추가'

- "당신의 한 표가 변화를 만듭니다!",
- "이번엔 꼭 투표하세요!",
- "변화는 지금부터!" 같은 참여 유도 메시지 삽입.
- 유권자들에게 직접적인 행동을 촉구하여 선거 참여 독려.

선거벽보는 단순한 정보 전달이 아니라, 짧은 순간에도 강한 인상을 남기고 공감을 끌어내는 것이 중요하다. 위의 전략들을 활용하여 보다 효과적인 벽보 홍보를 진행해 보자!

11. 선거공보 책자형 홍보 전략

선거공보 책자형 홍보 전략을 기발하고 특별하게 구성하려면, 후보자가 유권자에게 강력한 인상을 남길 수 있도록 해야 한다. 유권자들은 많은 정보를 접할 때, 평범한 방식보다는 신선하고 독창적인 접근을 선호한다. 이 전략을 세밀하게 설명해 보겠다.

1) 후보자의 이야기를 중심으로 한 접근

선거공보는 단순한 공약 나열에 그쳐서는 안 된다. 후보자가 어떤 사람인지, 왜 이 자리에 서게 되었는지를 솔직하게 전달하는 것이 중요하다. 유권자들이 후보자의 인간적인 면모를 알게 되면 자연스럽게 신뢰감이 생기고, 더 쉽게 공감할 수 있다. 예를 들어, 후보자가 겪었던 어려움이나, 정치에 입문하게 된 계기 등을 스토리 형식으로 풀어내면 좋다.

2) 공약을 이야기로 풀어내기

공약은 단순히 나열하는 방식이 아닌, 어떻게 그 공약이 실제로 유권자에게 이익이 될지 구체적으로 설명해야 한다. 예를 들어, " ○○○ 후보는 일자리 창출을 위해 10만 개의 일자리를 만들겠다"고 말하는 것보다, 그 일자리가 어떻게 창출될 것인지, 구체적인 방안과 실행 계획을 제시하는 것이 더 효과적이다. 또한, 각 공약이 유권자에게 어떤 혜택을 줄 수 있을지 설명하는 방식으로 접근한다.

3) 직관적인 디자인과 시각적 요소 강화

공보 책자에서 디자인은 중요한 요소다. 텍스트만 가득한 책자는 쉽게 지루해질 수 있다. 인포그래픽, 차트, 사진 등을 활용해 공약과 후보자의 비전이 더욱 명확하게 드러나도록 한다. 중요한 공약은 도형이나 아이콘으로 강조하고, 색상과 레이아웃을 잘 활용해 유권자가 쉽게 핵심 정보를 파악할 수 있도록 한다. 이렇게 시각적으로 유쾌한 느낌을 주는 것이 중요하다.

4) 유권자와의 소통을 강조하는 부분 삽입

선거공보는 단방향의 정보 전달 수단이 아니다. 유권자가 참여할 수 있는 요소를 넣어 소통을 유도하는 것이 필요하다. 예를 들어, 책자에 질문 코너를 넣어 "○○○ 후보에게 원하는 정책은 무엇인가요?"라는 식으로 유권자가 자신의 의견을 내놓을 수 있게 한다. 또한, 책자 내에 후보자에게 질문을 남기거나 피드백을 줄 수 있는 방법을 제공하는 것도 좋은 접근이다.

5) 후보자의 비전과 목표 제시

유권자들이 후보자에게 원하는 것은 단기적인 공약뿐만 아니라, 그 후보자가 미래에 어떤 방향으로 지역사회를 이끌어갈지에 대한 비전이다. 책자에서는 후보자가 지역사회의 미래를 어떻게 그려나갈지에 대한 구체적인 비전과 목표를 제시하는 것이 중요하다. 예를 들어, "○○○ 후보는 10년 후 이 지역이 어떻게 변화할 것인지에 대해 구체적인 계획을 가지고 있습니다"라는 식으로 미래 지향적인 메시지를 전달한다.

6) 감성적인 접근과 후보자의 진정성 강조

단순한 공약을 넘어, 후보자의 진정성과 감성적인 접근이 필요하다. 후보자가 지역사회에 얼마나 헌신할 준비가 되어 있는지, 그가 가진 진정성은 유권자들에게 큰 영향을 미친다. 책자에는 후보자의 진심을 담은 메시지나, 지역 주민들과의 소통을 강조하는 내용이 포함되어야 한다. 예를 들어, "○○○ 후보는 지역 주민들의 목소리에 귀 기울이겠다는 약속을 지킬 것입니다"와 같은 내용은 유권자에게 큰 신뢰감을 줄 수 있다.

7) 참여를 유도하는 혁신적인 요소 추가

책자에서 유권자가 능동적으로 참여할 수 있는 부분을 추가하는 것도 매우 중요하다. QR 코드를 삽입해 후보자와 직접 소통할 수 있는 채널로 유도하거나, 후보자의 공약에 대한 피드백을 온라인으로 받을 수 있는 방법을 제시하는 것도 유권자 참여를 유도하는 좋은 전략이 될 수 있다.

8) 기억에 남을 메시지 강조

선거공보 책자는 유권자들에게 읽힌 후에도 기억에 남을 수 있도록 해야 한다. 책자 내에서 강렬한 메시지를 반복적으로 강조하거나, 공약을 한 문장으로 요약하는 방식으로 유권자들이 후보자의 메시지를 오랫동안 기억하게 만든다. 예를 들어, "우리의 변화는 시작됩니다"와 같은 간결하지만 강력한 문구는 유권자들에게 큰 인상을 남길 수 있다.

9) 친환경적 접근

최근에는 환경 문제가 중요한 이슈로 대두되고 있기 때문에, 책자의 디자인이나 내용에서 친환경적인 요소를 강조하는 것도 좋은 전략이 될 수 있다. 예를 들어, 재활용 가능한 종이를 사용하거나 디지털 버전을 함께 제공하여 환경을 생각하는 후보자의 이미지를 강조할 수 있다.

이와 같은 전략들은 선거공보 책자가 단순히 후보자의 정보 전달을 넘어, 유권자와의 깊은 소통의 기회를 만들고, 후보자에 대한 신뢰와 관심을 끌어낼 수 있도록 돕는다.

12. 선거 전단지 홍보전략

선거 전단지 홍보전략을 특별하고 기발하게 구성하려면, 단순히 공약을 나열하는 것보다 유권자들에게 강렬한 인상을 남기고, 기억에 남을 수 있도록 만들어야 한다. 전단지는 빠르게 유권자들에게 후보자의 핵심 메시지를 전달하는 중요한 도구이기 때문에, 눈에 띄고, 읽기 쉽고, 기억하기 쉬운 방식으로 전략을 구성하는 것이 핵심이다. 이 전략을 아래와 같이 구체적으로 제시할 수 있다.

1) 단순하고 강렬한 메시지 전달

전단지는 짧은 시간 안에 유권자의 관심을 끌어야 한다. 따라서 너무 많은 정보보다는 후보자의 핵심 메시지와 공약을 간결하게 전달하는 것이 중요하다. 예를 들어, "○○○ 후보는 1년 내 교통문제를 해결합니다!"라는 식으로 구체적이고 강렬한 메시지를 한 문장으로 전달한다. 이렇게 하면 유권자가 전단지를 받은 순간 바로 기억에 남게 된다.

2) 시각적으로 매력적인 디자인

전단지의 디자인은 유권자가 손에 들고 바로 눈에 띄게 해야 한다. 후보자의 얼굴을 큰 크기로 배치하거나, 눈에 띄는 색상을 활용하여 전단지가 다른 광고들 사이에서도 돋보이도록 한다. 중요한 공약은 아이콘이나 심볼로 시각적으로 강조하고, 텍스트는 읽기 쉬운 크기와 폰트로 배치한다. 그래픽 요소나 차트, 간단한 인포그래픽을 활용하면 정보를 직관적으로 전달할 수 있다.

3) 감성적인 연결 유도

유권자에게 감동을 주거나 감성적인 연결을 만드는 것이 중요하다. "○○○ 후보는 우리 동네를 더 따뜻하게 만들겠다고 약속합니다"와 같은 문구를 통해 유권자에게 감정을 자극할 수 있다. 후보자의 진정성, 지역에 대한 애정을 드러내는 사진이나 메시지를 포함시켜, 후보자가 단순한 정치인이 아닌 '우리와 함께하는 사람'이라는 이미지를 심어준다.

4) "이것이 나의 약속입니다" 형태의 공약 강조

전단지에는 후보자가 실제로 실현 가능한 구체적인 공약을 포함시켜야 한다. 예를 들어, "○○○ 후보는 3개월 내에 지역 내 모든 복지 시설에 개선을 위한 예산을 20% 증액할 것입니다."처럼 구체적인 숫자와 실행 계획을 담아내면 유권자가 신뢰를 가질 수 있다. 공약을 "이것이 나의 약속입니다"와 같은 강렬한 메시지로 풀어내면, 유권자는 후보자가 제시한 공약에 더 큰 관심을 가지게 된다.

5) QR 코드와 링크 활용

전단지에 QR 코드를 삽입하여 유권자가 스마트폰으로 즉시 더 많은 정보를 찾을 수 있도록 유도한다. QR 코드를 스캔하면 후보자 인터뷰 영상, 공약 실행 계획, 혹은 유권자와의 소통 창구로 바로 연결될 수 있게 하여 유권자가 후보자에 대해 더 잘 알 수 있도록 한다. 또한, 전단지 안에 SNS 계정 링크나 홈페이지 주소를 삽입해 유권자가 추가적으로 후보자에 대해 탐색할 수 있게 유도한다.

6) 지역 맞춤형 콘텐츠 제공

전단지 내용은 지역의 특성에 맞춰서 유권자가 관심을 가질 만한 문제에 초점을 맞춰야 한다. 예를 들어, 특정 동네에 교통 문제나 환경 문제가 있다면, "○○○ 후보는 이 문제를 해결하기 위해 첫 번째로 ○○○○ 프로젝트를 실행합니다"와 같은 방식으로, 지역의 현안을 해결하기 위한 후보자의 구체적인 계획을 담아내면 유권자가 더욱 관심을 가질 수 있다.

7) 유머와 창의적인 요소 추가

유머나 창의적인 문구를 전단지에 포함시키면, 유권자가 전단지를 보고 미소를 짓거나 기억에 남게 된다. 예를 들어, "○○○ 후보는 누구보다 빠르게 해결할 수 있습니다. 교통체증, 이제 그만!"과 같은 유머를 통해 후보자가 진지하면서도 친근하게 다가갈 수 있다. 유머는 또한 전단지를 흥미롭게 만들어 유권자가 지루함을 느끼지 않도록 도와준다.

8) "한 번에 끝내기" 방식의 제안

"○○○ 후보가 제시하는 30일 내 해결 프로젝트"와 같이, 후보자가 자신만의 실행력 있는 이미지를 각인시키는 것이 중요하다. 특정 기간 내에 이루어질 수 있는 변화나 개선을 약속하는 것은 유권자들에게 실현 가능한 목표를 제시하는 효과적인 방법이다.

9) 개인적인 접근과 질문형 문구

유권자가 스스로 질문을 던지게 만들 수 있는 방식으로 전단지를 구성하는 것도 좋은 전략이다. 예를 들어, "당신은 내일이 더 나은 지역사회에서 살고 싶지 않나요?"와 같은 질문형 문구를 사용하면 유권자가 자발적으로 관심을 가지게 된다. 이런 방식은 유권자가 직접적인 변화에 대한 필요성을 느끼게 하여 후보자에게 투표하도록 유도하는 효과를 줄 수 있다.

10) 지역 특성에 맞춘 부가적 혜택

전단지에 추가적인 혜택을 넣어 유권자들에게 더 큰 동기를 부여할 수 있다. 예를 들어, 후보자가 지역 경제 활성화를 위한 특별한 프로그램이나, 특정 세금 인하, 복지 혜택 등을 제시하면서 "○○○ 후보와 함께라면 이런 혜택을 누릴 수 있습니다"와 같은 메시지를 강조하는 방식이다.

이 전략을 종합하면, 선거 전단지는 유권자에게 후보자의 강력한 메시지를 빠르고 효율적으로 전달하는 중요한 도구가 된다. 디자인, 메시지, 유권자와의 소통을 통해, 전단지는 단순한 종이 한 장 이상의 가치를 지닐 수 있으며, 유권자가 후보자를 기억하고 지지할 수 있도록 만드는 중요한 역할을 한다.

13. 선거 피켓 홍보전략

선거 피켓 홍보전략을 기발하고 특별하게 구성하려면, 피켓이 단순히 후보자의 이름과 공약을 나열하는 것을 넘어, 유권자들의 관심을 끌고, 후보자의 이미지를 각인시킬 수 있는 요소를 담는 것이 중요하다. 피켓은 보통 거리에서 유권자들이 스쳐 지나가는 동안 빠르게 눈에 띄어야 하기 때문에, 강렬하고 기억에 남을 수 있는 전략이 필요하다. 아래와 같은 방식으로 접근할 수 있다.

1) 짧고 강렬한 메시지

피켓은 보통 지나가면서 한눈에 들어오는 것이 중요하다. 따라서 지나치게 긴 문장보다는 핵심적인 메시지를 짧고 강렬하게 전달하는 것이 좋다. 예를 들어, "○○○ 후보, 변화를 이끌다!" 또는 "○○○ 후보, 지금 시작합니다!" 같은 문구는 유권자에게 빠르게 기억되며 강한 인상을 남길 수 있다. 중요한 것은 그 메시지가 단 한 번에 후보자의 이미지를 각인시킬 수 있도록 간결하고 직설적이어야 한다.

2) 대중의 관심을 끌 수 있는 창의적인 디자인

피켓 디자인에서 색상과 이미지는 매우 중요하다. 후보자의 얼굴을 크게 배치하거나, 대담한 색상(예: 분홍, 핑크, 밝은 오렌지, 스카이 블루)을 사용해 멀리서도 잘 보이게 한다. 또한 후보자의 이미지를 강조할 수 있는 아이콘이나 심볼을 활용해 후보자의 개성과 메시지를 동시에 전달할 수 있다. 예를 들어, 후보자가 주로 강조하는 공약에 맞는 시각적 요소(교통, 환경, 교육 등)를 추가하는 것도 좋은 방법이다.

3) 유머나 재치 있는 문구 활용

유권자들의 관심을 끌기 위해 유머나 재치 있는 문구를 활용하는 것이 효과적일 수 있다. 예를 들어, "○○○ 후보, 당신의 길을 열어드립니다!"처럼 일상적인 표현에 유쾌한 터치를 더하는 방식이다. 유머는 후보자가 더 친근하게 다가갈 수 있게 해주고, 유권자에게 기억에 남을 수 있도록 한다. 유머를 잘 활용하면 지루하지 않게 사람들의 관심을 끌 수 있다.

4) 이미지와 슬로건의 결합

후보자의 이미지를 잘 활용한 피켓은 큰 효과를 볼 수 있다. 예를 들어, 후보자가 지역 주민들과 소통하는 모습이나, 활동하는 모습을 찍은 사진을 배치하면, 더 많은 유권자가 친근감을 느낄 수 있다. 사진과 함께 간단한 슬로건을 배치하면, 그 이미지가 후보자에 대한 신뢰를 형성하는 데 기여할 수 있다.

5) 색상과 글자의 대비를 강조

피켓에서 중요한 것은 가독성이다. 색상과 글자 간의 대비가 충분히 강조되어야만, 멀리서도 쉽게 읽을 수 있다. 예를 들어, 배경색은 밝은 색이나 어두운 색을 사용하고, 글자는 흰색 또는 검은색으로 처리하여 눈에 잘 띄게 만든다. 이렇게 색상 대비가 잘 이뤄지면, 지나가는 유권자들이 한눈에 피켓의 메시지를 읽고 후보자의 존재를 인식할 수 있다.

6) 구체적인 공약을 한 줄로 표현

피켓에는 후보자의 공약을 간단하고 구체적으로 담는 것이 좋다. 예를 들어, " ○○○ 후보, 1년 내 모든 도로 확장 프로젝트 완료"처럼 구체적인 목표나 실현 가능한 약속을 담아내면 유권자에게 신뢰감을 줄 수 있다. 이를 통해 후보자가 실제로 무엇을 할 것인지에 대한 명확한 비전을 전달할 수 있다.

7) 동적인 요소 활용

일부 피켓은 사람들의 움직임을 유도하거나 눈에 띄게 만들 수 있는 동적 요소를 사용할 수 있다. 예를 들어, 풍선, 깃발, 혹은 스티커처럼 움직이거나 흔들릴 수 있는 요소를 추가하면, 유권자들이 더욱 주목할 수 있다. 또한, 피켓을 들고 있는 사람들 또한 지나가는 유권자들과 직접적으로 소통할 수 있기 때문에, 이를 적절히 활용하는 것도 좋은 방법이다.

8) 투표를 유도하는 직접적인 콜 투 액션

피켓에 단순히 후보자의 이름과 슬로건을 나열하는 것보다는, 유권자들에게 투표를 유도하는 직접적인 문구를 넣는 것이 좋다. 예를 들어, "○○○ 후보, 여러분의 소중한 한 표를 기다립니다!" 또는 "○○○ 후보, 여러분과 함께하는 내일!" 같은 문구를 통해 유권자들에게 투표 참여를 직접적으로 촉구할 수 있다. 이렇게 유권자에게 투표의 중요성을 강조하는 것도 좋은 전략이다.

9) 주변 환경에 맞는 전략적 배치

피켓은 사람들이 자주 다니는 곳, 예를 들어 상가가 밀집된 지역이나 주요 교차로, 버스 정류장 등 유권자가 많이 모이는 장소에 배치하는 것이 효과적이다. 사람들이 자연스럽게 피켓을 볼 수 있도록 배치하는 것이 중요하다. 또한, 피켓이 지나가는 차량이나 보행자들로부터 잘 보이도록 적절한 높이와 각도로 배치하는 것도 중요하다.

10) 피켓과 함께하는 다른 홍보 도구들

피켓만으로는 한계가 있을 수 있으므로, 다른 홍보 도구들과 함께 조화를 이루는 것이 좋다. 예를 들어, 피켓과 함께 후보자 로고나 슬로건을 포함한 배너, 팸플릿, 스티커 등을 배포함으로써 일관된 메시지를 전달할 수 있다. 여러 도구들이 함께 사용되면, 후보자의 이미지가 강렬하게 각인될 수 있다.

이 전략들은 선거 피켓이 단순한 정보 전달을 넘어서, 유권자들에게 후보자의 메시지를 효과적으로 전달하고, 기억에 남게 하는 데 기여할 수 있다. 피켓을 통해 후보자가 누구인지, 무엇을 약속하는지, 그리고 왜 그가 적임자인지를 분명히 알리면, 유권자들에게 긍정적인 영향을 줄 수 있을 것이다.

14. 선거용 소품 홍보전략

소품을 유권자에게 직접 나눠주는 것이 선거법 위반에 해당할 수 있다는 점을 잘 고려해야 한다. 그렇다면 선거에 참여하는 후보자, 배우자, 운동원, 자원봉사자들이 본인들이 사용할 수 있는 소품을 활용하여 홍보효과를 극대화할 수 있는 전략이 필요하다. 이런 소품들은 후보자의 이미지를 강화하고, 유권자들에게 자연스럽게 후보자에 대한 관심을 유도할 수 있다.

여기서 중요한 점은, 소품을 통해 유권자들에게 직접 전달하는 것이 아니라, 선거에 참여하는 사람들이 개인적으로 소품을 가지고 다니며 자연스럽게 홍보 활동을 할 수 있도록 하는 것이다.

1) 후보자의 로고가 포함된 의류 소품

후보자가 활동 중일 때 입을 수 있는 의류는 매우 효과적인 홍보 도구가 될 수 있다. 예를 들어, 티셔츠, 모자, 바지 등에 후보자의 이름, 로고, 슬로건을 크게 프린트하여 입고 다니면, 유권자들이 후보자를 기억하기 쉽게 된다. 후보자 본인뿐만 아니라 배우자, 운동원, 자원봉사자도 이 의류를 착용하면, 그들이 활동하는 지역 내에서 자연스럽게 후보자를 홍보할 수 있다.

2) 배너와 현수막을 개인적으로 들고 다니기

배너나 현수막을 유권자들에게 직접 나눠주는 것은 불법이지만, 운동원이나 자원봉사자가 개인적으로 들고 다니면서 홍보 활동을 하는 것은 가능합니다. 예를 들어, 간단한 배너나 플래카드를 들고 거리를 다니거나 행사에 참여하면, 유권자들이 시각적으로 후보자에게 관심을 기울일 수 있다. 이때 배너나 현수막은 후보자의 주요 메시지나 슬로건이 담겨 있어야 하며, 지나가는 사람들이 자연스럽게 눈에 띄게 되어 효과적인 홍보가 이루어질 수 있다.

3) 배지나 핀, 스티커 착용

배지, 핀, 스티커는 후보자의 로고나 슬로건을 작은 형태로 표현할 수 있는 소품이다. 운동원이나 자원봉사자들이 옷이나 가방에 배지나 핀을 꽂고 다니면, 유권자들에게 후보자에 대한 인식을 자연스럽게 심어줄 수 있다. 스티커를 가방이나 차량에 붙여서도 유권자들에게 홍보할 수 있다. 이런 작은 소품은 일상에서 자주 사용되기 때문에 후보자의 이미지를 반복적으로 노출시킬 수 있는 효과적인 수단이다.

4) 후보자 메시지가 담긴 텀블러, 물병

개인적으로 사용하면서 홍보할 수 있는 소품으로는 텀블러나 물병이 있다. 후보자가 운동원들과 함께 캠페인 중 물을 마시거나 텀블러를 사용할 때, 텀블러에 후보자의 이름이나 슬로건이 담겨 있으면 유권자들의 시선을 끌 수 있다. 또한, 텀블러나 물병은 자주 사용되기 때문에 반복적인 노출을 통해 후보자에 대한 인식이 자연스럽게 각인될 수 있다.

5) 휴대용 팬이나 손풍기

여름철이나 더운 날씨에는 휴대용 팬이나 손풍기가 유권자들에게 유용한 소품이 될 수 있다. 운동원이나 자원봉사자들이 팬이나 손풍기를 사용할 때, 그 위에 후보자의 이름이나 슬로건을 프린트하면, 더운 날씨 속에서도 유권자들에게 후보자에 대한 인식을 심어줄 수 있다. 이러한 소품은 기능적이면서도 후보자와의 연관을 자연스럽게 연결시킬 수 있다.

6) 후보자 로고가 들어간 폰 케이스

후보자의 로고나 메시지를 넣은 폰 케이스도 유용한 소품이 될 수 있다. 운동원이나 자원봉사자가 자신의 스마트폰에 이 폰 케이스를 사용하면, 일상적인 상황에서 자연스럽게 홍보가 이루어진다. 폰은 현대 사회에서 항상 손에 들고 다니는 물건이기 때문에, 그만큼 유권자들이 후보자의 이미지를 자주 접할 수 있는 기회를 제공한다.

7) 후보자 메시지가 담긴 노트나 다이어리

선거운동에 참여하는 사람들, 특히 자원봉사자들이 개인적으로 노트나 다이어리를 사용할 때, 이들에 후보자의 메시지나 공약을 간단히 넣어 사용한다면, 유권자들이 그들의 일상적인 소품을 통해 후보자에 대한 관심을 끌 수 있다. 이 또한 후보자가 메시지를 지속적으로 유권자에게 전달할 수 있는 간접적인 홍보 수단이 된다.

8) 키링 및 가방

후보자의 로고가 담긴 키링이나 가방역시 유권자들에게 직접적인 홍보가 되지 않지만, 운동원이나 자원봉사자가 사용하는 데 있어서 효과적인 소품이 될 수 있다. 키링은 특히 휴대성이 뛰어나며, 가방에 달면 쉽게 후보자의 메시지를 유권자들에게 노출시킬 수 있다.

9) 후보자 메시지가 담긴 손목밴드

운동원이나 자원봉사자가 손목밴드를 착용하는 것도 효과적인 전략이 될 수 있다. 손목밴드는 특히 활동적인 캠페인 중에 손쉽게 착용하고, 유권자들에게 후보자에 대한 메시지를 전달할 수 있는 소품이다. 또한, 손목밴드는 눈에 띄기 때문에 유권자들에게 자연스럽게 후보자에 대한 인식을 심어줄 수 있다.

10) 후보자 홍보용 마스크

최근 마스크를 착용하는 것이 일상적인 행동이므로, 후보자 홍보용 마스크도 매우 효과적인 홍보 도구가 될 수 있다. 마스크에 후보자의 이름이나 로고를 삽입하여 후보자가 캠페인 중에 착용하면, 마스크를 쓰는 것만으로도 유권자들에게 홍보할 수 있다. 마스크는 많은 사람들이 착용하기 때문에, 캠페인 활동 중에 후보자의 존재감을 지속적으로 알릴 수 있다.

이처럼 소품을 활용한 선거 홍보는 후보자 본인, 배우자, 운동원, 자원봉사자가 개인적으로 사용하는 물품을 통해 간접적으로 유권자들에게 후보자 이미지를 각인시키는 전략이다. 이러한 소품은 단순히 물리적인 전달이 아닌, 후보자와 유권자 사이의 자연스러운 연결 고리를 만드는 데 중요한 역할을 한다. 이 소품들이 캠페인 활동 중에 유권자들에게 후보자에 대한 인식을 끊임없이 유도할 수 있다. 선거법을 잘 준수하여야 한다.

Ment

유권자가 후보자를 기억하게 만드는 전략, 주소록, 인명부 확보 전략, SNS를 활용한 후보자, 전화 홍보, 유권자 1:1 대면, 상가 방문, 경로당 방문, 단체 및 시설 방문, 현수막(플래카드) 홍보, 선거벽보, 선거공보 책자형, 선거 전단지, 선거 피켓, 선거용 소품 홍보전략 등은 매우 중요한 선거 성공의 필수 핵무기들로서 활용에 승패가 달려 있다.

9장
오프라인 선거운동 전략

오프라인 선거운동은 유권자와의 직접적인 만남을 통해 후보자
의 메시지를 효과적으로 전달하고 신뢰를 쌓는 중요한 전략이다.
본 장에서는 유권자 만남 및 지역 행사 활용법, 전통적인 홍보물
전략, 전화 및 방문 유세의 기술, 거리 유세와 유권자와의 소통법,
자원봉사자 조직 및 활용법에 대해 자세히 살펴본다.

1. 유권자 만남 및 지역 행사 활용법

선거운동에서 가장 중요한 것은 유권자와의 직접적인 만남이다. 유권자들은 후보자와 직접 대면하면서 후보자의 진정성과 비전을 평가하게 된다.

1) 유권자와의 1:1 만남

1:1 만남은 유권자에게 개인적인 관심을 보여주고, 그들의 문제와 요구를 직접 들을 수 있는 기회를 제공한다.

- **집집 방문보다 개별 만남**: 후보자가 직접 가정을 방문해 유권자와 대화하고 의견을 듣는 방식이 효과적이나 금지 **(호별방문 금지)**.
- **개별 만남**으로 유권자와의 직접적인 관계를 형성하는 데 큰 역할을 한다.
- **상담 시간 운영**: 특정 시간에 유권자들이 방문할 수 있는 공간을 마련해 직접 상담하는 방식도 효과적이다. 유권자들이 자신들의 목소리를 직접 낼 수 있는 기회를 제공한다.

2) 지역 행사 활용

지역 축제 및 행사에 참여하거나 후원을 통해 유권자들과 자연스럽게 교류할 수 있다.

- **후보자의 참여**: 후보자가 직접 봉사 활동이나 자원 활동에 참여해 지역 사회에 대한 관심과 의지를 보여주는 것이 효과적이다.
- **지역 스포츠 대회, 문화 행사, 커뮤니티 행사**등에 참가해 친밀감을

높이고 정책을 알리는 기회를 마련한다.

3) 동원력 있는 지역 네트워크 활용

지역 지도자나 단체 대표들과의 관계를 강화해 유권자에게 보다 넓은 네트워크를 통해 메시지를 전달할 수 있다. 이들은 후보자의 신뢰도를 높이고, 유권자들에게 강력한 영향력을 행사할 수 있다.

2. 전통적인 홍보물(벽보, 전단지, 현수막) 사용

전통적인 홍보물은 여전히 중요한 선거 전략 중 하나다. 벽보, 전단지, 현수막 등은 유권자들에게 후보자와 공약을 알리는 직관적인 방법이다.

1) 벽보와 전단지

- **벽보:** 상업 지역, 학교 주변, 커뮤니티 센터 등 유권자가 많이 다니는 곳에 배치해 후보자의 인지도를 높인다.
- **전단지:** 주택가나 사람들이 모이는 장소에서 나누어 주며, 정책과 슬로건을 간단하고 명확하게 전달하는 데 유용하다. QR 코드를 포함해 유권자가 온라인으로 정보를 쉽게 확인할 수 있도록 유도할 수도 있다.

2) 현수막

- **효율적인 배치:** 도로변, 교차로, 광장 등 사람들이 많이 다니는 곳에 배치해 후보자의 인지도를 높인다.
- **핵심 메시지 전달:** 후보자의 이미지와 슬로건, 주요 공약을 시각적으로 강조해 메시지를 효과적으로 전달해야 한다.
- **과도한 사용 방지:** 너무 많은 현수막은 시각적 피로를 유발할 수 있으므로 적절하게 배치하는 것이 중요하다.

3. 전화 및 탐방 유세의 기술

전화 유세와 방문 유세는 유권자와 직접 소통할 수 있는 강력한 방법이다. 개인적인 접촉을 통해 후보자에 대한 신뢰를 구축하는 데 효과적이다.

1) 전화 유세

- **전화 스크립트 활용:** 인사, 후보자의 비전, 공약, 유권자 질문 등을 포함해 일관된 메시지를 전달해야 한다.
- **유권자 반응 처리:** 유권자의 불만이나 질문에 진지하게 대응하고, 의견을 반영해 캠페인 전략을 조정할 수 있어야 한다.

2) 탐방 유세

- **대면 소통 강화:** 후보자가 직접 유권자와 탐방 대화하는 방식은 강

한 인상을 남길 수 있다.

- **효율적인 탐방 계획:** 탐방할 곳의 순서를 미리 계획하고, 지역별로 동선을 설정해 시간을 절약하면서도 탐방 횟수를 극대화해야 한다.

4. 거리 유세와 유권자와의 소통법

거리 유세는 후보자가 유권자와 직접 만나 소통하는 방식으로, 매우 중요한 오프라인 전략이다.

1) 거리 유세 전략

- **유세 장소 선정:** 시장, 버스 정류장, 쇼핑몰 앞 등 유동 인구가 많은 지역에서 진행하는 것이 효과적이다.
- **짧고 강렬한 메시지 전달:** 후보자의 공약과 비전을 간결하게 표현해 유권자가 쉽게 기억할 수 있도록 한다.
- **홍보 자료 배포:** 전단지, 배너 등을 활용해 유세 현장에서 후보자의 정책을 유권자에게 쉽게 전달할 수 있도록 한다.

2) 유권자와의 소통법

- **대화 기술:** 유권자와의 대화에서는 경청하는 태도가 중요하다. 유권자가 후보자에게 직접 이야기할 기회를 제공하고, 관심사와 요구를

파악해야 한다.

- **적극적인 상호작용 유도:** 질문을 던지고 의견을 경청하는 방식으로 대화를 이끌어나가야 한다. 후보자의 공약에 대한 질문을 받을 경우, 명확한 답변을 제공해야 한다.

5. 자원봉사자 조직 및 활용법

자원봉사자는 선거운동의 가장 중요한 인적 자원이다. 이들을 잘 조직하고 활용하는 것이 선거 캠페인의 성공 여부를 결정한다.

1) 자원봉사자 모집 및 관리

- **다양한 모집 경로 활용:** 소셜 미디어, 지역 커뮤니티, 선거 본부 등을 통해 모집한다.
- 구체적인 역할 부여: 자원봉사자들에게 명확한 역할을 부여해 동기부여를 강화한다.

2) 자원봉사자 교육

- **일관된 메시지 전달:** 자원봉사자들이 후보자의 정책과 메시지를 정확하게 전달할 수 있도록 교육해야 한다.
- **문제 해결 및 유권자 반응 처리법 교육:** 현장에서 발생할 수 있는 다

양한 상황에 대비할 수 있도록 교육을 제공해야 한다.

3) 자원봉사자 활용

- **후보자의 손오공:** 후보자의 정책과 메시지를 정확하게 이해하고 후보자와 같은 손오공 역할을 한다. "내가 후보자 ○○○다"라는 역할을 액티브하게 한다.
- **득표 활동 :** 지역 또는 단체, 커뮤니티를 순회, 상주하며 주변 분들에게 후보자를 적극적으로 다양한 방법으로 홍보한다.

6. 후보자 선거운동 전략

후보자 선거운동 전략은 단순한 홍보 이상의 의미를 갖는다. 이 전략은 유권자와의 관계를 쌓고, 후보자의 비전과 가치를 전하는 동시에, 유권자들의 참여를 유도하는 방식이어야 한다. 기발하고 특별한 선거운동 전략을 통해 유권자들에게 강한 인상을 남기고, 실질적인 투표로 이어질 수 있도록 해야 한다. 아래에 제시하는 전략은 일상적인 선거운동에서 벗어나 특별하게 유권자들에게 다가갈 수 있는 방법들이다.

1) '나만의 스토리'를 통한 유권자와의 연결

후보자가 자신의 개인적인 이야기를 유권자와 공유하는 것은 강력한 선거운동 전략이 될 수 있다. 유권자들은 후보자가 무엇을 경험하고 어떤 가치를 가지고 있는지, 어떤 신념을 가지고 있는지 알고 싶어 한다. 예를 들어, 후보자가 지역 주민들과 직접 만났던 이야기나, 자신의 성장 과정에서 겪은 어려움과 이를 극복한 경험을 토대로 메시지를 전달한다면 유권자들은 감정적으로 후보자에게 더 가까워질 것이다. 이러한 스토리는 유권자들에게 더 오래 기억되고, 후보자에 대한 신뢰를 쌓는 데 도움이 된다.

2) 대화형 선거운동 (2-way communication)

기존의 일방적인 선거운동 방식에서 벗어나, 유권자들과 대화형 소통을 할 수 있는 프로그램을 마련하는 것이다. 예를 들어, 온라인 라이브 방송이나 라이브 Q&A 세션을 활용하여 유권자들이 실시간으로 후보자에게 질문하고, 그에 대해 직접 답을 듣는 방식을 제공한다. 이러한 대화형 소통은 유권자들에게 참여감을 주고, 후보자가 자신들의 의견을 듣고 있다는 느낌을 줄 수 있어 긍정적인 이미지를 형성한다. 또한, 소셜 미디어를 활용해 후보자가 유권자들과 댓글이나 DM으로 직접 소통하는 방법도 효과적이다.

3) 후보자와 유권자가 함께하는 '캠페인 챌린지'

후보자가 제시하는 특정 캠페인 챌린지를 통해 유권자들이 자연스럽게 참여하고, 이를 SNS에 공유하는 활동을 유도한다. 예를 들어, "OOO 후보와 함께하는 7일간의 환경 보호 챌린지" 또는 "OOO 후보와 함께하는 지역 사랑 챌린지"와 같은 주제로 유권자들이 일정 기간 동안 참여할 수 있는 활동을 진행한다. 이 캠페인을 통해 유권자들이 후보자와 함께 활동하는 느낌을 주고, 후보자에 대한 친근감을 형성할 수 있다. 유권자들이 참여한 사진이나 글을 SNS에 올리고, 이를 후보자가 공유하면 자연스럽게 홍보 효과가 발생한다.

4) '지역 맞춤형 공약'과 활동 소개

후보자는 단순히 추상적인 공약을 내세우기보다, 지역 주민들의 실질적인 필요를 반영한 맞춤형 공약을 제시하는 것이 중요하다. 예를 들어, 특정 지역에서 해결이 필요한 문제들을 정리하고, 이를 해결할 수 있는 구체적인 방법을 제시한다. 이후, 후보자가 실제로 해당 지역에서 어떤 활동을 펼쳤는지, 또는 어떤 사람들과 협력했는지를 이야기하며 공약을 실현할 수 있는 신뢰를 쌓는다. 또한, 이런 활동을 동영상이나 사진을 통해 실시간으로 공유하면서 유권자들에게 가시적으로 보여주는 것이 효과적이다.

5) 지역 중심의 소통과 지원 네트워크 구축

후보자는 지역 중심의 지원 네트워크를 활성화하여 유권자들에게 직접적인 참여의 기회를 제공할 수 있다. 예를 들어, 지역 내 커뮤니티 센터나 공공기관을 활용해 후보자와의 만남의 장을 만들고, 그곳에서 지역 주민들이 직접 의견을 나누고 소통할 수 있는 시간을 갖는다. 이를 통해 후보자는 유권자들에게 '내가 이 지역의 문제를 잘 알고 해결하려는 의지가 있다'는 메시지를 전달할 수 있다. 또한, 이 네트워크를 통해 자원봉사자들을 모집하고, 이들이 지역 내 후보자의 지지 활동에 직접 참여하도록 유도하는 것도 효과적이다.

6) 후보자와 함께하는 지역 봉사 활동

후보자는 지역 봉사 활동(예: 플로깅)을 통해 지역 주민들과 밀접하게 연결될 수 있다. 예를 들어, 지역의 환경 정화, 취약 계층 돕기, 지역 축제 지원 등의 활동에 후보자가 직접 참여하고, 그 활동을 유권자들에게 보여 주는 것이다. 이러한 봉사 활동을 통해 후보자는 '이 지역을 진정으로 사 랑하고, 함께 발전시키고자 하는 사람'이라는 이미지를 구축할 수 있다. 또 한, 봉사 활동에 참여한 유권자들이 SNS에 공유하면서 자연스럽게 홍보 효과를 얻을 수 있다.

7) 후보자만의 고유한 '브랜딩' 전략

후보자는 자신의 브랜딩을 강화할 필요가 있다. 예를 들어, 후보자만의 독특한 로고나 컬러, 상징물을 만들어 지속적으로 노출시킨다. 이를 통해 유권자들에게 강력한 인상을 남길 수 있으며, 후보자의 시각적 이미지를 각인시킬 수 있다. 예를 들어, 'OOO 후보'의 색상은 ○○색, 로고는 단순하 고 기억에 남는 디자인으로 만들어 후보자가 누구인지 쉽게 인식할 수 있 도록 한다. 이 시각적 요소들은 배너, 현수막, 전단지 등 여러 채널에서 지 속적으로 사용되며 유권자들에게 후보자에 대한 인식을 심어줄 수 있다.

8) 디지털 콘텐츠로 유권자와의 지속적인 관계 유지

후보자는 디지털 콘텐츠를 적극적으로 활용하여 유권자와의 관계를 지 속적으로 유지할 수 있다. 예를 들어, 후보자가 자신의 정책 설명이나 캠 페인 활동을 블로그, 유튜브, 인스타그램과 같은 플랫폼에 정기적으로 올 리면서, 유권자들이 언제든지 후보자에 대해 알아볼 수 있게 한다. 이러한 콘텐츠는 단순히 후보자를 홍보하는 것이 아니라, 유권자들에게 유용한 정보나 인사이트를 제공하는 형태여야 한다. 예를 들어, " ○○○ 후보가 제시하는 지역 교통 문제 해결법"과 같은 실질적인 정보를 제공하고, 유권자들이 이를 공유하거나 댓글로 의견을 남길 수 있도록 유도한다.

9) 후보자의 '소소한 일상' 공개

후보자의 일상적인 모습을 보여주는 것도 중요한 전략이다. 유권자들은 후보자가 정책뿐만 아니라, 인간적인 면모도 잘 알아야 한다. 후보자가 아침 운동을 하는 모습, 가족과 함께하는 시간, 지역 주민들과 소통하는 모습 등을 보여주며, 유권자들에게 더 친숙하게 다가갈 수 있다. 이런 콘텐츠는 유권자들이 '후보자는 나와 같은 사람'이라는 느낌을 가지게 하여, 감정적으로 후보자에게 더 가까워지게 만든다.

10) 실시간 피드백 시스템 구축

후보자는 유권자들이 언제든지 자신의 의견을 제시할 수 있는 실시간 피드백 시스템을 마련해야 한다. 이를 통해 유권자들은 후보자에게 직접적인 의견을 전달할 수 있으며, 후보자는 이를 바탕으로 정책을 수정하거나 보완할 수 있다. 예를 들어, 온라인 설문조사, 전화 상담, SNS 피드백 등을 통해 유권자들의 의견을 수렴하고, 이를 반영하는 모습을 보여주는 것이다. 유권자들은 자신이 낸 의견이 실제로 반영되고 있다는 점에서 더 큰 지지를 보낼 것이다.

이와 같은 전략들은 후보자가 유권자와의 신뢰를 쌓고, 기억에 남는 이미지를 형성하며, 참여를 유도하는 데 큰 역할을 한다. 선거운동에서 중요한 것은 단순히 이름을 알리는 것이 아니라, 유권자들에게 가치 있는 존재로 인식되게 하는 것이다.

7. 배우자 선거운동 전략

배우자는 후보자의 선거운동에 있어 중요한 역할을 할 수 있다. 단순히 후보자와 함께 등장하는 것 이상의 전략적인 활용이 필요하다. 배우자는 후보자의 인간적 면모를 부각시키고, 유권자들과의 감성적인 연결을 강화하는 중요한 역할을 한다. 후보자가 혼자서는 표현할 수 없는 가족의 따뜻함, 삶의 철학, 유권자들과의 신뢰를 보여줄 수 있는 존재이기 때문이다.

1) 배우자의 '정직한' 이야기 공유

배우자는 후보자의 인간적인 면모를 보여주는 중요한 존재로, 본인의 이야기를 솔직하게 풀어내는 것이 강력한 전략이 될 수 있다. 예를 들어, 후보자의 가정적인 모습이나 배우자로서의 고민과 응원을 이야기하는 콘텐츠를 만들 수 있다. 배우자가 직접 등장하는 인터뷰나 영상에서 "○○○ 후보는 집에서도 항상 우리 가족을 먼저 생각하는 사람입니다"와 같이 후보자의 일상적인 모습이나 가정적인 면을 강조하는 것이다. 이를 통해 유권자들은 후보자가 진정성과 따뜻함을 가진 사람임을 느낄 수 있다.

2) 배우자와 함께하는 지역 방문

배우자는 후보자와 함께 지역을 방문하고, 주민들과 소통하는 활동을 통해 후보자의 이미지를 더욱 부각시킬 수 있다. 예를 들어, 배우자가 후보자와 함께 시장이나 주민센터를 방문하는 모습을 담은 사진이나 영상을 SNS에 게시하거나, 방송에 출연하는 등의 활동을 통해 지역 주민들과의 친밀감을 형성할 수 있다. 특히 배우자가 지역의 어르신들이나 주민들과 함께 시간을 보내는 모습은 후보자의 친근한 이미지를 확립하는 데 효과적이다.

3) 배우자와 함께하는 캠페인 챌린지

후보자와 배우자가 함께 캠페인 챌린지를 진행하는 것도 좋은 전략이다. 예를 들어, "○○○ 후보와 배우자가 함께하는 7일간의 자원봉사 챌린지"처럼 유권자들이 참여할 수 있는 사회적 캠페인을 만들어, 배우자가 직접 그 활동에 참여하는 모습을 공유한다면, 유권자들은 자연스럽게 후보자와 배우자에 대한 긍정적인 이미지를 가지게 된다. 이는 SNS에서 공유되고 확산되면서 후보자와 배우자의 협력적인 모습을 강조할 수 있는 기회가 된다.

4) 배우자의 독립적인 활동 강조

배우자가 단지 후보자의 옆에 있는 사람만으로 그치지 않고, 독립적으로 자신의 사회적 역할이나 가족을 위한 활동을 강조하는 것도 유권자들에게 강한 인상을 남길 수 있다. 예를 들어, 배우자가 지역 사회에서 봉사활동, 교육, 환경 보호 등의 분야에서 활동하는 모습을 공유하며, 그동안 후보자와 함께 이룬 성과를 소개하는 것이다. 배우자가 사회적 책임감을 가진 인물로 비춰지면, 유권자들은 후보자의 선택에 대한 신뢰도를 더욱 높일 것이다.

5) 배우자와의 '가족 중심' 콘텐츠

배우자와 함께하는 '가족 중심'의 콘텐츠는 유권자들에게 인간적인 면을 보여주는 데 매우 효과적이다. 예를 들어, 가족이 함께한 주말 나들이,

집안에서의 소소한 일상을 담은 영상이나 사진을 공개하는 것이다. 이런 콘텐츠는 후보자가 가족을 소중히 여기는 사람이라는 이미지를 각인시키고, 유권자들이 후보자와 감성적으로 연결될 수 있는 계기를 마련한다. 배우자가 등장하는 콘텐츠는 또한 유권자들에게 친근감을 주기 때문에, 후보자에 대한 신뢰를 쌓는 데 중요한 역할을 한다.

6) 배우자와의 '백지 공약'

배우자는 후보자의 정책을 전달할 때 후보자의 의지와 결심을 나타내는 중요한 파트너가 될 수 있다. 후보자가 배우자와 함께 정책 백지 공약을 발표하는 콘텐츠를 만들 수 있다. 예를 들어, "OOO 후보는 이 문제를 해결하기 위해 어떤 결정을 내렸고, 그 결정에 대해 배우자와 함께 깊이 고민한 결과, 여러분께 이렇게 제시합니다"와 같은 메시지를 통해 후보자와 배우자가 하나의 팀으로 함께 성장하는 모습을 강조하는 것이다.

7) 배우자의 메시지를 활용한 간접적인 홍보

배우자는 유권자들에게 후보자에 대해 직접적으로 말하는 것 외에도 자연스럽게 후보자를 홍보할 수 있는 기회를 만든다. 예를 들어, 배우자가 일상에서 자연스럽게 후보자의 비전이나 가치를 이야기하는 모습을 담은 콘텐츠를 제작하거나, SNS에서 '후보자와 함께 하는 하루'를 소개하는 것이다. 배우자가 직접적인 정치적 메시지를 전하지 않더라도, 후보자에 대한 긍정적인 이미지를 강조하는 데 큰 도움이 된다.

8) 배우자와 함께하는 공공 행사 참여

후보자와 배우자는 공공 행사에 함께 참여하거나, 자선 활동을 통해 사회적 가치를 강조할 수 있다. 예를 들어, 지역 내 문화제, 기부 행사, 장애인 지원 행사 등에 후보자와 배우자가 함께 참여하는 모습을 보여준다. 이를 통해 유권자들은 후보자가 사회적 책임감과 봉사 정신을 가지고 있다는 점을 인식하게 되며, 후보자에 대한 지지와 믿음을 더욱 굳건히 할 수 있다.

9) 배우자의 미디어 출연 및 인터뷰

배우자가 직접 미디어 출연이나 인터뷰를 진행하는 것도 후보자 홍보에 효과적인 전략이 될 수 있다. 예를 들어, 배우자가 후보자에 대해 솔직한 의견을 밝히는 인터뷰를 진행하거나, 후보자의 정책에 대해 설명하는 시간을 가지면, 유권자들은 후보자의 정치적 방향성을 배우자와 함께 이해할 수 있게 된다. 또한, 배우자의 인간적인 모습이 강조되며, 유권자들에게 후보자와의 연대감을 더욱 느끼게 할 수 있다.

10) 배우자와의 '사회적 약자 지원' 캠페인

배우자와 함께 사회적 약자를 위한 캠페인을 운영하는 것도 중요한 전략이다. 예를 들어, 저소득층 지원, 아동 보호, 여성 인권 강화와 같은 주제를 중심으로 캠페인을 진행하고, 배우자가 적극적으로 참여하는 모습은 유권자들에게 후보자가 사회적 가치와 인권을 존중하는 사람으로 비춰지게 만든다. 후보자와 배우자가 함께하는 봉사 활동은 유권자들에게 진정성을 전달하며, 후보자와 배우자 모두의 이미지를 높이는 데 기여한다.

배우자와 함께하는 선거운동은 후보자의 인간적인 면모와 따뜻한 이미지를 부각시킬 수 있는 중요한 기회이다. 후보자와 배우자가 함께하는 전략적 활동은 유권자들에게 후보자의 진정성과 가족 중심의 가치를 전달하며, 그 결과 후보자에 대한 지지율을 높이는 데 큰 도움이 된다.

8. 가족 선거운동 전략

후보자 가족을 선거운동에 효과적으로 활용하는 전략은 후보자의 인간적인 이미지를 부각시키고, 유권자들에게 신뢰감을 줄 수 있는 강력한 방법이다. 후보자 가족이 직접 참여하는 선거운동은 후보자의 진정성과 지역사회에 대한 헌신을 강조하는 데 큰 역할을 한다. 후보자 가족을 홍보 전략에 활용하는 방법은 다양하다.

1) 가족의 응원 메시지

후보자의 배우자나 자녀가 직접 메시지를 전하는 방식은 매우 효과적이다. 후보자의 가족이 자신의 경험을 바탕으로 후보자에 대해 이야기하며, 후보자가 왜 중요한 인물인지, 어떤 가치를 가지고 있는지를 전달할 수 있다. 이 메시지는 후보자와 유권자 간의 거리를 좁히고, 유권자들에게 친근함을 줄 수 있다. 예를 들어, 후보자의 자녀가 소셜 미디어에 "우리 아빠는 늘 사람을 먼저 생각하는 사람입니다. 그런 아빠가 우리 지역을 위해 헌신할 수 있도록 도와주세요"라고 메시지를 전하면, 유권자들은 후보자를 더 친근하게 느낄 수 있다.

2) 가족과 함께하는 봉사활동

후보자 가족이 함께 봉사활동에 참여하는 모습은 후보자가 지역사회를 얼마나 중요하게 생각하는지 보여주는 좋은 방법이다. 가족이 주도하는 봉사활동이나 지역사회를 위한 활동을 SNS와 같은 플랫폼을 통해 알리는 것이다. 예를 들어, 후보자의 배우자나 자녀가 지역 청소 활동, 무료 급식 봉사, 기부 행사에 참여하는 모습을 공개하면, 유권자들은 후보자가 단지 정치인일 뿐만 아니라 지역사회의 일원으로서 헌신하는 모습을 볼 수 있다. 이런 활동은 후보자의 진정성을 강조하고, 유권자들에게 후보자에 대한 신뢰감을 심어준다.

3) 후보자 가족의 일상적인 모습 공유

후보자 가족과 함께하는 평범한 일상은 후보자를 더 친근하고 인간적인 인물로 만들어준다. 가족이 함께하는 시간을 담은 사진이나 영상을 소셜 미디어에 올리는 것도 좋은 전략이다. 예를 들어, 주말에 가족이 공원에 나가 산책하거나, 저녁에 함께 식사를 하는 모습을 공개함으로써 유권자들에게 후보자가 평범한 사람으로서 삶을 살아가는 모습을 보여줄 수 있다. 이는 후보자의 이미지에 따뜻함과 신뢰감을 더해줄 수 있다.

4) 가족의 개인적인 이야기

후보자 가족이 후보자에 대해 이야기하는 콘텐츠는 유권자들에게 큰 영향을 미칠 수 있다. 가족 구성원들이 후보자의 어릴 적 모습, 가치관, 어떤 점에서 자랑스러운지 등을 이야기하면 유권자들은 후보자가 어떤 사람인지 더 잘 이해하게 된다. 예를 들어, 후보자의 부모가 후보자가 어린 시절 어떤 고난을 겪으며 성장했는지, 또는 어떤 가치관을 가지고 자라왔는지를 이야기하는 방식이다. 이런 개인적인 이야기들은 후보자의 진정성을 강조하고, 유권자들에게 감동을 줄 수 있다.

5) 후보자 가족이 직접 캠페인 참여

후보자 가족이 선거운동에 적극적으로 참여하는 모습은 유권자들에게 큰 메시지를 전달할 수 있다. 예를 들어, 후보자의 자녀나 배우자가 선거운동에 나서 유권자들과 직접 소통하거나, 캠페인 현장에서 활동하는 모습을 보여주는 것이다. 가족이 직접 나서는 모습은 후보자가 단순한 정치인이 아니라 가족과 함께 지역사회를 위한 일을 하는 사람이라는 이미지를 만들어준다. 유권자들은 후보자 가족이 적극적으로 참여하는 모습을 보며 후보자에 대한 신뢰와 친밀감을 더욱 느낄 수 있다.

6) 후보자 가족의 대면 소통

후보자 가족이 유권자와 대면하여 직접 소통하는 것도 중요한 전략이다. 후보자의 배우자나 자녀가 캠페인 현장에서 유권자들과 대화하거나 후보자의 정책에 대해 설명하는 방식이다. 가족이 직접 유권자들과 소통하는 것은 후보자의 진정성을 강조할 수 있고, 유권자들은 후보자가 가족과 함께하는 모습을 보며 후보자에 대한 신뢰감을 더욱 깊게 가질 수 있다.

후보자 가족을 선거운동에 활용하는 것은 후보자에 대한 신뢰와 친근함을 높여주는 강력한 전략이다. 후보자 가족이 선거운동에 적극적으로 참여하면, 후보자와 유권자 간의 거리가 좁혀지고, 후보자가 사람 중심의 가치를 중시하는 인물임을 유권자들에게 효과적으로 전달할 수 있다.

9. 선거운동원 선거운동 전략

선거운동원을 효과적으로 활용하는 전략은 후보자와 유권자 간의 신뢰를 쌓고, 후보자의 메시지를 널리 퍼뜨리기 위한 중요한 역할을 한다. 선거운동원이 단순히 후보자를 홍보하는 역할을 넘어서, 후보자의 메시지를 실시간으로 전달하고 유권자와 직접 소통하는 전략은 매우 중요하다. 여기서는 선거운동원을 활용한 기발하고 특별한 선거운동 전략을 소개할 것이다.

1) 운동원의 개인 브랜드 만들기

선거운동원이 후보자의 핵심 메시지를 전달하면서도 각자의 개성을 살리는 것이 중요하다. 선거운동원들이 자신만의 스타일로 활동을 할 수 있도록 하면, 유권자들은 그들을 단순히 운동원이 아닌 개성 있는 사람으로 인식하게 된다. 예를 들어, 운동원들이 각자 특정 분야에 대한 관심이나 전문성을 강조하면서 활동하는 것이다. 어떤 운동원은 환경 문제에 대해 이야기하거나, 다른 운동원은 청년 실업 문제를 강조하며, 각자의 전문성을 통해 후보자의 정책적 차별성을 부각시킬 수 있다.

2) 운동원의 일상 공유

운동원이 후보자와 함께 하는 일상적인 모습을 공유하는 것도 큰 효과가 있다. 예를 들어, 선거운동원이 후보자와 함께하는 봉사활동이나 지역 행사에 참여하는 모습을 SNS에 공유한다면, 유권자들은 후보자뿐 아니라 운동원과의 관계에서도 진정성을 느끼게 된다. 이런 콘텐츠는 후보자와 운동원 간의 유대감을 강조하고, 유권자들이 후보자와 운동원 모두를 친근하고 신뢰할 수 있는 인물로 인식하게 만든다.

3) 운동원과 유권자 간 실시간 소통

운동원들이 유권자와 실시간으로 소통하는 활동은 매우 중요한 전략이다. 예를 들어, 운동원들이 지역 사회에서 직접 유권자와 대화하거나 소셜 미디어를 통해 실시간으로 질문을 받고 답변하는 방식이다. 이런 실시간 소통은 후보자와 유권자 간의 즉각적인 피드백을 가능하게 하고, 후보자와 운동원들이 유권자와 소통하고 있다는 인식을 심어준다. 이를 통해 유권자들은 후보자에 대한 신뢰와 관심을 높이고, 후보자에 대한 정책을 보다 적극적으로 이해하게 된다.

4) 운동원의 지역 사회 활동 참여

선거운동원이 지역 사회에 실질적인 영향을 미치는 활동에 참여하는 것은 중요한 전략이다. 예를 들어, 운동원들이 지역 환경 정화 활동이나 소외계층 지원 활동에 나서는 것이다. 운동원이 지역 문제 해결을 위한 실질적인 행동을 통해 후보자의 정책을 홍보하고, 후보자가 지역 사회의 문제 해결을 위해 적극적으로 활동하는 사람임을 부각시킬 수 있다. 이런 활동은 유권자들에게 후보자의 진정성을 증명하는 데 큰 역할을 한다.

5) 운동원 참여 캠페인 진행

운동원들이 직접 캠페인에 참여하는 형태로 활동을 조직하는 것도 좋은 전략이다. 예를 들어, 운동원들이 후보자의 핵심 정책을 기반으로 한 캠페인을 기획하고 참여하는 것이다. 운동원들이 직접 나서서 후보자의 비전을 설명하고 유권자들의 의견을 듣는 활동을 하게 되면, 유권자들은 후보자가 정책의 구현을 위해 적극적으로 노력하는 사람임을 느끼게 된다. 이러한 캠페인은 유권자들에게 후보자의 정책적 비전을 보다 실감나게 전달할 수 있다.

6) 운동원의 메시지 발신

운동원들이 후보자의 메시지를 자신의 언어로 해석해 유권자에게 전달하는 것도 효과적이다. 후보자가 전달하고자 하는 메시지를 운동원이 직접 해석하고 변형하여 유권자에게 전달함으로써, 후보자와 운동원 간의 협력 관계와 유대감을 강조할 수 있다. 예를 들어, 운동원이 후보자의 정책 중 자신이 특별히 중요한 문제로 생각하는 부분에 대해 깊이 있는 설명을 하고, 자신만의 경험을 바탕으로 유권자에게 다가가는 것이다. 유권자들은 운동원의 진정성을 느끼고, 후보자에 대한 호감도와 신뢰감을 더하게 된다.

7) 운동원들의 개인적인 스토리 공유

운동원들이 자신의 개인적인 경험이나 이야기를 공유하는 것도 효과적인 전략이다. 후보자의 정책이나 비전에 대한 자신만의 이야기를 공유함으로써, 유권자들은 운동원들과 후보자 간의 연대감을 느끼고, 후보자에 대한 신뢰를 더욱 깊게 하게 된다. 예를 들어, 운동원이 자신의 어려운 경험을 이야기하면서 후보자의 정책이 어떻게 그 문제를 해결할 수 있을지 설명하면, 유권자들은 후보자의 정책을 보다 실제적인 문제 해결로 연결할 수 있게 된다.

8) 운동원 스토리텔링 캠페인

운동원들이 각자의 개인적인 경험을 바탕으로 한 스토리텔링 캠페인을 진행하는 방법도 효과적이다. 예를 들어, 운동원이 자신의 과거 경험이나 정치적 동기를 바탕으로 후보자의 비전과 정책을 설명하는 콘텐츠를 만든다면, 유권자들은 후보자와 운동원 간의 강한 유대감을 느끼고, 후보자에 대한 감동적인 이야기를 통해 더 큰 지지를 보내게 된다.

선거운동원은 후보자의 메시지를 전달하는 중요한 역할을 한다. 그들이 후보자와 함께 실시간으로 소통하고, 지역 사회에 기여하며, 개인적인 이야기나 경험을 나누는 것은 후보자에 대한 진정성과 신뢰를 더욱 강화하는 데 효과적이다. 이를 통해 유권자들은 후보자를 단순한 정치인이 아니라, 함께 나누는 가치와 비전을 가진 사람으로 인식하게 된다.

10. 자원봉사자 선거운동 전략

자원봉사자는 선거운동에서 중요한 역할을 한다. 그들은 단순히 일손을 돕는 존재가 아니라, 후보자의 메시지를 전달하는 중요한 브릿지역할을 하며, 유권자와의 소통을 강화하는 데 큰 기여를 한다. 자원봉사자들의 열정과 진정성을 최대한 활용하는 전략을 통해, 후보자의 신뢰도와 호감도를 높일 수 있다. 자원봉사자 선거운동 전략을 기발하고 특별하게 구성하기 위해 다음과 같은 방법들을 활용할 수 있다.

1) 자원봉사자의 스토리 중심 홍보

자원봉사자들이 자신의 개인적인 경험과 이야기를 공유하는 방법이다. 예를 들어, 자원봉사자가 왜 후보자와 함께 일하는지에 대해 자신의 스토리를 SNS나 인터뷰를 통해 공개하는 것이다. 자신이 겪었던 어려움이나 후보자의 정책이 자신에게 어떤 긍정적인 영향을 미쳤는지 설명하면서 유권자에게 후보자에 대한 믿음을 자연스럽게 전달할 수 있다. 자원봉사자의 스토리텔링은 유권자들에게 후보자가 진정성과 신뢰감을 가진 인물이라는 이미지를 심어주는 데 효과적이다.

2) 자원봉사자 네트워크 활용

자원봉사자들이 각자의 사회적 네트워크를 통해 후보자를 홍보하는 전략이다. 자원봉사자는 가족, 친구, 동료, 지역 커뮤니티 등 다양한 곳에 영향을 미칠 수 있다. 이들이 직접 참여해 선거 운동을 알리고, 후보자의 메시지를 전파하는 방식이다. 자원봉사자들이 자신의 소셜미디어 계정을 통해 후보자 관련 콘텐츠를 공유하거나, 후보자의 정책에 대해 이야기하는 포스트를 올리는 것이다. 이처럼 자원봉사자들이 자발적으로 네트워크를 통해 후보자와 연결되면, 더 넓은 범위의 유권자들에게 후보자의 메시지를 전달할 수 있다.

3) 자원봉사자의 역할을 다채롭게 배분

자원봉사자들은 다양한 역할을 맡을 수 있다.그들의 관심사나 특기에 맞게 역할을 분배하여, 보다 효과적으로 선거운동을 진행할 수 있다. 예를 들어, 일부 자원봉사자는 지역 이벤트나 집회에서 후보자 소개 역할을 맡고, 다른 자원봉사자는 온라인 활동이나 문자 메시지 캠페인을 담당하게 한다. 이렇게 각자에게 적합한 역할을 부여하면, 자원봉사자들이 자신의 강점을 발휘하며 능동적으로 참여할 수 있다. 또한, 자원봉사자들이 선거 운동에 참여하는 데 있어서 개인적인 의미를 느끼게 되며, 그들이 더 많은 시간을 투자하게 된다.

4) 자원봉사자의 참여를 독려하는 리워드 시스템

자원봉사자가 후보자와 함께 활동하면서 보람을 느낄 수 있도록 유도하는 시스템을 도입하는 방법이다. 예를 들어, 자원봉사자가 참여한 시간이나 활동 내용에 따라 리워드나 혜택을 제공하는 것이다. 리워드는 선거법상 물질적인 것이 아닌, 후보자와 함께하는 특별한 만남이나 자원봉사자들의 기여를 인정하는 공개적인 감사로도 구성할 수 있다. 자원봉사자들이 자신의 활동에 대한 보상을 받는 느낌을 가지면, 그들이 더욱 동기부여가 되어 선거운동에 적극적으로 참여하게 된다. **(자원봉사자에게 기부행위 절대금지)**

5) 자원봉사자와 유권자 간의 다리 역할

자원봉사자들은 유권자와 직접 소통하는 역할을 할 수 있다. 예를 들어, 자원봉사자가 유권자와의 대화를 통해 후보자의 정책을 설명하고, 유권자가 가진 질문이나 우려 사항을 해결하는 방식이다. 자원봉사자가 유권자와의 소통에서 신뢰를 쌓을 수 있도록 지원하는 것은 매우 중요하다. 자원봉사자는 후보자의 목소리만을 전달하는 것이 아니라, 후보자와 유권자 간의 관계를 더 깊이 있게 연결할 수 있다. 이 과정에서 자원봉사자들은 후보자와 유권자 간의 소통 창구 역할을 하게 된다.

6) 온라인 및 오프라인 연계 활동

자원봉사자들은 온라인과 오프라인을 연결하는 다리 역할을 할 수 있다. 온라인에서 SNS를 통한 후보자 메시지 확산이나 온라인 토론회, 유튜브 방송 등을 운영하고, 오프라인에서는 캠페인 현장에서 직접 유권자들과 소통하는 방식이다. 자원봉사자들이 온라인과 오프라인을 모두 아우르는 활동을 하면, 후보자에 대한 인지도를 높이고, 실질적인 참여를 유도할 수 있다.

7) 자원봉사자와 후보자의 관계 강조

자원봉사자들이 후보자와 긴밀한 관계를 맺고 있다는 점을 강조하는 것도 좋은 전략이다. 자원봉사자들이 후보자의 친밀한 지원자로서 활동하고 있다는 메시지를 전달하면, 유권자들은 후보자가 정말로 많은 사람들의 지지를 받고 있다는 신뢰감을 가지게 된다. 자원봉사자들의 얼굴을 공개하거나, 그들의 후보자에 대한 신뢰와 열정을 강조하는 콘텐츠를 제작하여 SNS나 선거운동 자료로 활용하는 것이다.

8) 자원봉사자 캠페인 주도

자원봉사자들이 특정 캠페인을 주도하게 하는 전략도 효과적이다. 예를 들어, 자원봉사자들이 후보자의 정책을 바탕으로 특별한 캠페인을 기획하고 주도하도록 하는 것이다. 캠페인은 환경 보호나 청소년 문제 해결 등과 같은 특정 이슈에 집중할 수 있다. 자원봉사자가 캠페인을 통해 자신의 목소리를 내고, 후보자와 함께 사회적 변화를 추구하는 모습은 유권자들에게 큰 감동을 줄 수 있다.

이러한 자원봉사자 선거운동 전략을 통해, 후보자는 자원봉사자와 함께 유권자들에게 직접 다가가는 방법을 활용하게 된다. 자원봉사자들은 단순한 도움을 넘어서, 후보자의 메시지를 효과적으로 전파하는 핵심적인 역할을 하게 된다.

11. 유세차 선거운동 전략

유세차는 선거운동에서 매우 중요한 도구로, 유권자들에게 후보자의 존재감을 알리고, 후보자의 메시지를 효과적으로 전달하는 역할을 한다. 유세차를 활용한 선거운동 전략을 기발하고 특별하게 구성하는 방법은 다음과 같다.

1) 모바일 유세차 활용

기존의 유세차는 일정한 경로를 따라가며 홍보하는 형태가 일반적이었다. 하지만, 모바일 유세차는 실시간으로 유권자들의 많은 사람들이 모인 장소를 찾아가며 유세를 진행하는 방식이다. 예를 들어, 사람들이 많이 모이는 시간대에 맞춰, 사람들이 자주 모이는 공원, 마트, 번화가 등에서 이동하며 유세를 하는 것이다. 모바일 유세차는 유권자들에게 후보자와 직접 마주칠 기회를 제공하고, 후보자와의 거리감을 좁힐 수 있는 장점이 있다. 또한, 유세차가 움직이는 곳곳에서 후보자의 메시지를 반복적으로 전달할 수 있어 유권자들의 기억에 남기 좋다.

2) 유세차와 SNS 연동

유세차의 활동을 실시간으로 SNS와 연동시켜 유권자들과의 소통을 강화하는 전략이다. 유세차가 어디에 있는지, 어떤 캠페인을 진행 중인지 실시간으로 SNS에 업데이트하여 유권자들이 유세차를 찾아올 수 있도록 유도하는 방법이다. 예를 들어, 유세차가 이동할 때마다 페이스북, 인스타그램, 트위터 등의 소셜미디어에 위치를 공유하고, 유세차에서의 이벤트나 사진을 올려 유권자들이 참여할 수 있도록 한다. 이렇게 하면 유세차 자체가 소셜미디어 상에서 자연스럽게 입소문을 타게 되고, 더 많은 유권자들이 유세차를 찾아와 후보자의 메시지를 접할 수 있다.

3) 유세차의 이동 경로에 스토리텔링

유세차의 이동 경로를 단순한 이동이 아니라 스토리텔링을 담은 코스로 만들면 유권자들이 더 큰 관심을 가질 수 있다. 예를 들어, 유세차가 후보자의 지역 정책이나 특정 이슈에 대해 이야기하는 장소를 지나가도록 설정하는 것이다. 유세차가 어떤 사회적 문제를 해결하기 위해 특정 지역을 방문하는 이유를 설명하며, 해당 지역 주민들과의 인터뷰나 짧은 소통을 통해, 후보자의 정책에 대한 진정성과 실천 의지를 강조할 수 있다. 유세차가 단순히 지나가는 것이 아니라, 지역사회의 목소리를 담아내는 공간이 될 수 있다.

4) 음악과 영상 활용

유세차에서 음악과 영상 콘텐츠를 활용하는 것도 효과적인 전략이다. 유세차의 스피커를 통해 후보자의 주요 메시지나 음악적 요소를 추가하는 방법이다. 예를 들어, 후보자와 관련된 테마곡이나 후보자의 공약을 강조하는 슬로건 송 등을 유세차에서 반복적으로 틀어 유권자들에게 친숙하게 다가갈 수 있다. 또한, 유세차의 대형 화면이나 프로젝터를 통해 후보자의 정책 영상, 유권자 인터뷰 영상 등을 상영하면서 유권자들이 후보자에 대해 더 잘 알게 만들 수 있다.

5) 유세차 내외부 디자인의 차별화

유세차 자체를 차별화된 디자인으로 꾸며서 눈에 띄게 만드는 전략이다. 단순히 전통적인 유세차 디자인을 사용하는 것보다, 후보자와 관련된 독특한 그래픽이나 슬로건을 돋보이게 한 디자인을 적용하여 지나가는 유권자들의 시선을 사로잡을 수 있다. 유세차 내외부에 후보자의 정책을 간단하게 요약한 그래픽을 삽입하거나, 후보자의 얼굴을 강조한 큰 배너를 달아 유권자들이 한눈에 후보자의 이미지를 인식할 수 있도록 한다.

6) 후보자와의 대화 공간 마련

유세차 안에 소규모 대화 공간을 마련해 유권자들과 직접 대화할 수 있는 기회를 제공하는 것도 효과적인 전략이다. 유세차가 한곳에 정차하고, 유권자들이 차에 가까이 다가가면 후보자가 직접 대면하여 유권자들의 질문을 받고 답변하는 시간을 가지는 것이다. 이런 소규모 대화는 후보자가 자신을 알리고, 유권자와의 신뢰를 구축하는 데 큰 도움이 된다. 유세차가 단순히 지나가는 것이 아니라, 소통의 장이 될 수 있도록 만들면 유권자들에게 인상 깊은 기억을 남길 수 있다.

7) 특별한 유세차 이벤트

유세차에서 특별한 이벤트를 진행하는 방법이다. 예를 들어, 유세차 앞에서 미니 콘서트, 공개 토크쇼, 즉석 인터뷰등을 진행하여 유권자들의 관심을 끌 수 있다. 이벤트는 후보자에 대한 관심을 유도하고, 유권자들이 자연스럽게 후보자의 메시지에 더 집중하게 만든다. 이벤트 후에는 후보자와 함께 사진을 찍을 수 있는 기회나, 간단한 기념품을 제공하여 유권자들이 후보자에 대한 긍정적인 인상을 심어줄 수 있다.

8) 유세차의 지속적 노출

유세차의 효과적인 전략은 일회성이 아니라 지속적으로 노출시키는 것이다. 유세차가 특정한 일정에 맞춰, 반복적으로 같은 경로를 돌아가며 유권자들에게 메시지를 전달할 수 있도록 하여, 유권자들이 후보자와 관련된 이미지를 계속해서 떠올리게 만든다. 유세차가 한 지역에서 꾸준히 이동하면서 후보자에 대한 인지도를 높이고, 유권자들의 자연스러운 관심을 유도하는 것이다.

9) 후보자의 정책과 유세차를 결합한 테마 캠페인

유세차가 단순히 이동하는 것이 아니라, 후보자의 정책을 중심으로 테마를 설정하는 것이다. 예를 들어, 환경 정책을 강조하는 유세차, 청년을 위한 정책을 홍보하는 유세차, 복지 정책을 강조하는 유세차 등 후보자의 중요한 정책을 유세차의 테마로 설정하여 유권자들에게 강력하게 메시지를 전달할 수 있다. 유세차의 외관과 내부 장식, 스피커에서 나오는 음악과 메시지 모두 이 정책을 중심으로 구성되어 유권자들에게 후보자의 일관된 이미지를 각인시킬 수 있다.

이와 같은 전략을 통해 유세차는 단순히 이동하며 소리를 전달하는 역할을 넘어, 후보자의 아이콘이 되어 유권자들과의 소통을 강화하는 중요한 도구가 될 수 있다.

Ment

오프라인 선거운동은 유권자와 직접 소통할 수 있는 중요한 기회를 제공한다. 유권자 만남, 지역 행사 활용, 전통적인 홍보물, 전화 및 방문 유세, 거리 유세 등의 전략을 잘 활용하면 후보자의 메시지를 효과적으로 전달할 수 있다. 또한, 자원봉사자 조직을 잘 구성하고 역할을 효율적으로 분배하면 선거운동의 효율성을 극대화할 수 있다.

10장
온라인 선거운동 전략

현대의 선거운동에서 온라인 플랫폼을 적극적으로 활용하는 것은 유권자와의 소통을 강화하고, 후보자의 메시지를 효과적으로 전달하는 데 매우 중요하다. 본 장에서는 SNS 활용 방법, 유튜브 선거 전략, 카카오톡과 다른 메시징 앱 활용, 디지털 광고 및 바이럴 마케팅과 다양한 온라인 선거운동 전략에 대해 설명한다.

1. SNS 활용

SNS는 유권자와의 소통뿐만 아니라 후보자의 브랜드 형성 및 메시지 확산에 매우 중요한 도구로 자리 잡고 있다.

1) SNS별 특징과 활용
[페이스북]
- **특징:** 페이스북은 다양한 연령대의 유권자들이 활동하는 플랫폼으로, 유권자들과 긴밀히 소통할 수 있다. 또한 그룹 기능과 이벤트 기능을 활용하여 실시간 소통을 유도할 수 있다.
- **활용:**
  장문의 게시글 및 이벤트 생성: 페이스북은 긴 글을 작성할 수 있어 후보자의 정책과 공약을 깊이 있게 설명할 수 있다. 선거 관련 이벤트를 만들고 사람들을 초대하여 참여를 유도할 수 있다.
- **페이스북 라이브:** 유권자와 실시간으로 소통할 수 있는 라이브 방송을 통해 효과적인 소통을 할 수 있다.

[인스타그램]
- **특징:** 이미지 및 짧은 동영상 중심의 콘텐츠 플랫폼으로, 특히 젊은 층 유권자들에게 강력한 효과를 발휘한다.
- **활용:**
  짧고 강렬한 비주얼 콘텐츠: 유권자의 관심을 끌 수 있는 이미지나 짧은 동영상을 제작하여 후보자의 메시지를 전달한다. 후보자의 모습을 스토리나 릴스를 통해 쉽게 보여줄 수 있다.
- **해시태그 활용:** 선거 관련 해시태그나 후보자의 고유 해시태그를 사용하여 더 많은 사람들에게 메시지를 확산시킬 수 있다.

[트위터]
- **특징:** 간결한 메시지와 빠른 정보 전파에 강점을 가진 플랫폼으로, 이슈를 빠르게 확산시킬 수 있다.
- **활용:**
  핫한 이슈와 관련된 트윗: 최신 이슈나 유권자들이 관심을 가질 만한 사건에 대한 즉각적인 반응을 보이며 메시지를 전달한다. 해시태그를 통해 논의에 참여할 수 있다.
- **후보자의 입장 간결하게 전달:** 트위터는 짧고 간결한 메시지를 통해 빠르게 정보를 제공할 수 있어 유권자에게 효과적으로 전달된다.

[기타 SNS별 활용]
위를 포함하여 그 밖의 도구인 유튜브, 카카오톡, 카페, 블로그, 인스타그램 등의 활용 전략에 대해서는 아래에 별도로 기술한다.

2) 유권자와의 직접 소통 방법
- **댓글 피드백 받기:** SNS에서 유권자들의 의견을 댓글로 받아 후보자의 정책을 조정하거나, 그들의 목소리를 반영할 수 있다.
- **직접 메시지 송신:** 개별 유권자와 직접 메시지를 주고받으며, 유권자들의 생각을 깊이 이해할 수 있다. 이때 친밀감과 투명성을 강조하는 것이 중요하다.

3) 타겟 맞춤형 콘텐츠 제작

- **타겟 유권자 분석:** 연령대, 지역, 관심사 등을 기반으로 맞춤형 콘텐츠를 만든다. 예를 들어, 청년층에는 혁신적인 정책을, 중장년층에는 안정적인 복지와 사회적 문제 해결을 강조할 수 있다.
- **개인화된 메시지:** 각 타겟 그룹에 맞춘 콘텐츠를 통해 더 큰 영향을 미칠 수 있다.

2. 유튜브 활용

유튜브는 영상 콘텐츠를 통해 유권자에게 강력한 메시지를 전달할 수 있는 효과적인 플랫폼이다.

1) 영상 콘텐츠 기획 및 제작

후보자의 개인적인 이야기와 정책을 담은 영상을 제작한다. 이는 유권자들에게 후보자의 인간적인 면모와 신뢰감을 제공할 수 있는 기회를 준다.

- **다양한 콘텐츠 형식:** 정책 발표 영상, Q&A 영상, 후보자 일상 등을 통해 유권자와 소통할 수 있다.
- **짧고 간결한 영상:** 유권자들의 집중력을 고려해 2~5분 이내의 간결

한 영상이 효과적이다. 핵심 메시지 전달에 집중해야 한다.

2) 유튜브 라이브 방송 활용

실시간 방송을 통해 유권자들과 실시간으로 소통하며, 질문과 답변을 주고받아 깊은 소통을 이끌어낼 수 있다.

- **라이브 방송 알림:** 방송 전후로 SNS나 다른 플랫폼을 통해 알림을 보내 유권자들의 참여를 유도한다.

3) 알고리즘을 활용한 노출 극대화
- **정기적인 업로드와 구독자 유도:** 유튜브 알고리즘은 정기적인 콘텐츠 업로드와 구독자 증가에 민감하므로, 정기적으로 콘텐츠를 게시하고, 구독자 참여를 유도하는 것이 중요하다.
- **검색 최적화(SEO):** 검색 키워드를 제목, 설명, 태그에 포함시켜 유권자들에게 더 많이 노출되도록 한다.

3. 카카오톡과 메시징 앱 활용

카카오톡과 같은 메시징 앱은 유권자와의 효율적이고 개인적인 소통을 가능하게 한다.

1) 카카오톡 채널 및 오픈채팅방 전략

카카오톡 채널을 개설하여 유권자들이 후보자의 최신 소식이나 공약을 쉽게 받아볼 수 있도록 한다.

오픈채팅방을 활용하여 특정 주제나 이슈에 대한 토론을 유도하고, 유권자들과의 실시간 소통을 강화할 수 있다.

2) 1:1 메시지 및 그룹 메시지 활용

- **1:1 메시지:** 개인적으로 유권자와 소통하여 그들의 고민이나 의견을 수렴할 수 있다.
- **그룹 메시지:** 중요한 소식이나 업데이트를 유권자들에게 빠르게 전달할 수 있다.

3) 자동화 툴을 통한 효율적 커뮤니케이션

- **자동화된 메시지 시스템:** 대량의 유권자에게 정기적인 메시지나 중요한 소식을 빠르게 전송할 수 있다.
- **응답 자동화:** 유권자들이 자주 묻는 질문에 대한 자동 응답 시스템을 설정해 시간을 절약하고 효율적인 소통을 도울 수 있다.

4. 디지털 광고 및 바이럴 마케팅

디지털 광고와 바이럴 마케팅은 후보자의 메시지를 넓은 유권자층에게 효과적으로 전달할 수 있는 도구이다.

1) 페이스북 및 인스타그램 광고

- **정밀 타겟팅:** 페이스북과 인스타그램은 연령, 지역, 관심사 등을 바탕으로 정확한 유권자에게 광고를 전달할 수 있다.
- **비주얼 콘텐츠 활용:** 이미지와 동영상을 활용한 광고가 유권자들의 주목을 끌고 참여를 유도한다.

2) 정치 광고의 핵심 원리와 타겟 광고 설정법

- **핵심 메시지 중심 광고:** 정치 광고는 후보자의 핵심 메시지를 중심으로 구성되며, 유권자들이 가장 관심 있는 이슈에 맞춘 콘텐츠를 제공한다.
- **A/B 테스트:** 다양한 광고 형식을 테스트하여 가장 효과적인 메시지와 광고 방식을 파악할 수 있다.

3) 인플루언서 및 커뮤니티 활용

- **인플루언서 협업:** 인기 있는 인플루언서나 소셜 미디어 스타와 협력하여 후보자의 메시지를 더 많은 사람에게 전달할 수 있다.
- **커뮤니티 활용:** 온라인 포럼이나 커뮤니티 그룹에서 후보자의 정책이나 비전에 대해 자연스럽게 이야기하며 입소문을 낼 수 있다.

4) 정치적 메시지를 유머로 전달하는 밈 전략

밈(meme)을 활용하여 유권자의 관심을 끌고, 정치적 메시지를 유머와 결합해 전달할 수 있다. 유머는 복잡한 메시지를 쉽게 풀어 유권자들의 관심을 유도하는 데 효과적이다.

5. SNS 선거운동 전략

SNS를 활용한 선거운동을 할 때, 유권자들에게 강하게 인식될 수 있는 기발하고 특별한 방법은 참여형 콘텐츠와 창의적인 접근에 있다. 단순히 메시지를 전달하는 것에 그치지 않고, 유권자들이 자연스럽게 참여하고, 공유하고 싶은 콘텐츠를 만드는 게 중요하다. 아래에 몇 가지 기발한 SNS 선거운동 전략을 소개한다.

1) 유권자 참여형 캠페인 해시태그

SNS에서 가장 강력한 도구 중 하나는 해시태그다. 유권자들이 자발적으로 참여할 수 있는 해시태그 캠페인을 만들어보자. 예를 들어, "#○○○와 함께_변화를 만들자" 같은 캠페인 해시태그를 통해, 유권자들이 후보를 지지하는 모습을 사진이나 영상으로 올리도록 유도한다. 참여자에게는 소정의 상품이나 선물을 제공할 수도 있다.

- **추천 아이디어:** "#○○○ 후보와의_하루"라는 해시태그를 만들어 유권자들이 후보와 함께 찍은 사진이나 일상적인 활동을 공유하도록 유도한다. 이런 활동은 후보와 유권자 간의 친밀감을 키우고, 자연스럽게 많은 사람들에게 노출된다.

2) 실시간 SNS 인터뷰 & Q&A

SNS 라이브 방송을 활용해 실시간으로 유권자들과 소통하는 콘텐츠를 만들어 보자. 유권자들이 실시간으로 질문을 남기면 그에 대한 답변을 바로 해주는 방식이다. 이를 통해 유권자들은 직접 참여하고, 후보의 진정성을 느낄 수 있다. 이런 방송을 정기적으로 하면서 유권자들과의 관계를 강화한다.

- **추천 아이디어:** "○○○ 후보와 함께하는 LIVE Q&A"를 일정 시간마다 진행하고, 유권자들이 실시간으로 후보에게 질문을 할 수 있도록 한다. 이때 정치적 쟁점이나 공약에 대해 유권자들과 직접 대화하는 모습은 큰 신뢰감을 준다.

3) SNS에 맞춘 공약 동영상 시리즈

SNS는 짧고 강렬한 콘텐츠를 선호하기 때문에, 공약을 짧고 직관적인 동영상으로 만들어 SNS에 올리는 방법이 효과적이다. 각 공약을 1분 내외로 간결하게 설명하는 동영상을 제작하고, 이를 인스타그램, 페이스북, 트위터 등 다양한 SNS에 업로드하여 유권자들에게 빠르게 확산시킬 수 있다.

- **추천 아이디어:** "ㅇㅇㅇ 후보의 1분 공약"이라는 제목으로 각 공약에 대한 핵심 메시지를 짧고 강렬하게 담은 영상을 제작하여 SNS에 지속적으로 올린다. 이 영상을 사람들이 쉽게 공유하게 만들어 인지도를 높인다.

4) SNS 콘텐츠와 실시간 이벤트 연계

SNS 상에서 특정 이벤트나 챌린지를 연계한 콘텐츠를 만드는 것이다. 예를 들어, 유권자들이 각자의 소셜미디어에 특정 콘텐츠를 공유하고, 일정 수 이상의 공유가 이루어지면 후보가 약속한 특별한 이벤트나 실시간 방송을 진행하는 식이다. 이런 식으로 유권자들의 참여를 유도하고, SNS 상에서 후보의 활동을 적극적으로 퍼뜨릴 수 있다.

- **추천 아이디어:** "ㅇㅇㅇ후보의 공약을 실천하기 위한 5가지 방법"을 콘텐츠로 만들고, 유권자들이 그 방법 중 하나를 실천한 후 SNS에 공유하면, 실천한 사람 중 일부를 추첨하여 후보와의 오프라인 만남 기회를 제공하는 식.

5) 유권자 피드백 반영한 콘텐츠 제작

유권자들이 댓글로 남긴 피드백을 실제로 콘텐츠에 반영하는 방식이다. 예를 들어, 후보의 정책에 대한 유권자들의 의견을 받고, 그 의견을 바탕으로 후보가 그에 대한 입장을 직접 답변하는 영상을 만든다. 이렇게 하면 유권자들은 자신이 만든 콘텐츠가 후보의 캠페인에 반영된다는 느낌을 받아 적극적으로 참여하게 된다.

- **추천 아이디어:** SNS 댓글을 통해 유권자들의 의견을 받은 후, 그 의견을 반영한 "○○○ 후보의 피드백 반영 공약"이라는 콘텐츠를 제작해 SNS에 공유한다. 이 과정에서 유권자들은 자신이 참여했다고 느끼기 때문에 자연스럽게 관심을 가질 것이다.

6) 공동체 활동 영상 콘텐츠

유권자들이 실제로 후보의 정책을 체험할 수 있는 현장 활동을 촬영하여, 그 과정을 SNS에 공유하는 방식이다. 예를 들어, 지역 청소 활동이나 주민들과 함께하는 봉사 활동 등의 활동을 촬영하고 이를 유권자들이 SNS에서 공유할 수 있게 만든다. 이런 활동은 후보의 정책이 실제로 이루어지고 있다는 것을 보여주기 때문에, 유권자들에게 실질적인 인식을 심어줄 수 있다.

- **추천 아이디어:** "○○○ 후보와 함께하는 지역 봉사활동" 시리즈를 만들어 지역 주민들이 후보와 함께 활동하는 장면을 담은 영상을 SNS에 올린다.

7) 유권자 주도의 콘텐츠 생산

유권자들이 콘텐츠를 직접 제작할 수 있도록 유도하는 방식이다. 예를 들어, 유권자들이 후보에 대한 자신의 생각을 담은 짧은 영상이나 사진을 만들어 공유하게 한다. 이를 통해 유권자들은 자신이 캠페인의 일부분이라고 느끼고, 더 많이 참여하게 된다.

- **추천 아이디어:** "○○○ 후보와 나의 이야기"라는 주제로 유권자들

이 자신이 후보를 지지하는 이유나 생각을 영상으로 만들어 공유하도록 한다. 이때, 특별히 창의적인 콘텐츠에는 소정의 상품을 주는 것도 유권자들의 참여를 이끌어낼 수 있다.

이러한 방식으로 유권자들이 자연스럽게 참여하고, SNS에서 활발하게 공유할 수 있는 콘텐츠를 제작하면, 선거운동에 대한 관심과 지지를 효과적으로 끌어낼 수 있다. 중요한 건 유권자와의 상호작용과 참여를 강조하는 것이다. 유권자들이 직접 캠페인의 일부가 된다고 느끼면, 그들은 더 적극적으로 참여하고 후보를 지지할 것이다.

6. 문자(SMS, MMS, EMS) 선거운동 전략

문자(SMS, MMS, EMS 등)를 활용한 선거운동은 직접적이고 빠르게 유권자와 소통할 수 있는 강력한 방법이다. 문자는 유권자에게 즉각적인 정보를 전달할 수 있고, 개인적인 느낌을 줄 수 있기 때문에 선거운동에 매우 효과적이다. 불특정 다수인 유권자들에게 나를 홍보하려면 아래와 같은 전략을 사용할 수 있다.

1) 문자 목록 구축
- **타겟 유권자 목록 만들기**: 먼저, 선거구 내 유권자들의 연락처를 수

집해야 한다. 이때, 개인 정보 보호를 준수하면서 유권자들의 전화번호를 확보해야 한다. 기존의 유권자 명단이나 선거운동을 위한 DB를 활용한다.

- **자동화 시스템 사용:** 문자 발송을 자동화할 수 있는 시스템을 사용하면 효율적이다. 예를 들어, 선거운동용 문자 발송 플랫폼을 활용하면 일괄적으로 많은 유권자에게 메시지를 보낼 수 있다. 자동동보 전송 등의 방법은 선관위 신고, 횟수 등 공직선거법을 철저하게 준수하여야 한다.

2) 메시지 내용

- **짧고 간결한 메시지:** 문자 메시지는 짧고 간결하게 작성해야 한다. 1~2개의 핵심 메시지를 전달하는 것이 중요하다. 너무 긴 글은 읽기 어려우므로, 유권자가 빠르게 이해할 수 있도록 간단하게 공약이나 주요 이슈를 전달한다.
- **후보자의 비전과 공약:** 후보자의 주요 공약이나 비전을 간단히 언급하고, 유권자가 관심을 가질 만한 내용을 강조한다. 예를 들어, "○○시의 미래를 위해 ○○○ 후보가 제시하는 주요 공약은 OO입니다."와 같은 형식으로 전달한다.
- **행동을 유도하는 메시지:** 유권자들이 응답하거나 참여할 수 있도록 유도하는 메시지를 포함시킨다. 예를 들어, "○○○ 후보의 공약에 대해 더 알고 싶다면 1번을 눌러주세요"와 같은 행동 유도형 메시지를 보낸다.

3) MMS/ EMS 활용

- **이미지 또는 영상 포함:** MMS나 EMS는 일반 문자보다 더 많은 정보를 담을 수 있기 때문에, 이미지나 짧은 동영상을 포함해 메시지를 더욱 강렬하게 전달할 수 있다. 후보자의 사진이나 캠페인 포스터, 공약을 설명하는 간단한 영상 등을 첨부한다.
- **시각적 콘텐츠 활용:** 공약 설명이나 후보자의 비전을 간략한 인포그래픽이나 도표로 전달할 수 있다. 이를 통해 유권자들이 한눈에 이해할 수 있도록 돕는다.

4) 타겟팅 및 개인화

- **타겟팅된 메시지 발송:** 유권자들의 연령대, 관심사, 지역 등을 고려하여 메시지를 세분화한다. 예를 들어, 특정 연령대나 지역에 맞는 맞춤형 공약을 강조하는 방식으로 타겟팅할 수 있다. 이를 통해 유권자에게 더 적합하고 개인화된 메시지를 전달할 수 있다.
- **개인화된 인사:** 문자 메시지에서 유권자의 이름을 포함시키면 더 개인적이고 친근한 느낌을 줄 수 있다. 예를 들어, "○○○님, ○○○ 후보가 제시한 ○○ 정책을 확인해 보세요"와 같이 보낸다.

5) 시간대 고려

- **적절한 발송 시간:** 문자는 적절한 시간대에 발송해야 한다. 너무 이른 아침이나 늦은 밤에 문자 메시지를 보내면 불쾌감을 줄 수 있기 때문에, 유권자들이 가장 많이 확인할 수 있는 시간대에 발송하는 것이 중요하다. 예를 들어, 오전 10시에서 오후 8시 사이가 적절할 수 있다.

6) 응답 유도

- **답장 유도:** 유권자에게 답장을 요청하는 방식으로 소통을 촉진할 수 있다. 예를 들어, " ○○○후보의 정책에 대해 어떻게 생각하십니까? 1번: 좋다 / 2번: 아니다"와 같은 형태로 응답을 유도한다.
- **설문조사:** 유권자들이 참여할 수 있는 간단한 설문조사를 보내고, 의견을 받는다. 이는 유권자들이 자신의 의견을 표현할 수 있는 기회를 주며, 동시에 후보자의 정책에 대한 반응을 파악하는 데 유용하다.

7) 주요 일정 및 행사 안내

- **선거 일정 안내:** 유권자들에게 선거일, 후보자와의 만남, 캠페인 행사 등의 중요한 일정을 알리는 메시지를 보낸다. 예를 들어, "○○○ 후보의 선거 유세가 ○○일 ○○시에서 열립니다. 함께 참여해 주세요!"와 같은 안내 메시지를 보낸다.
- **실시간 정보 제공:** 선거운동이 진행되는 동안 중요한 공지나 실시간 정보도 문자로 전달할 수 있다. 예를 들어, 갑작스런 일정 변경이나 긴급한 공지가 있을 때 문자로 유권자들에게 바로 전달할 수 있다.

8) 피드백 반영

- **답변 및 반응 분석:** 유권자들의 답변을 분석하고, 그에 따라 후속 메시지를 보내거나 전략을 수정한다. 예를 들어, 설문조사나 응답을 통해 유권자들이 선호하는 정책이나 후보자에 대한 반응을 반영하여 추가 메시지를 보낼 수 있다.

9) 법적 준수

- **개인정보 보호:** 유권자들의 개인정보를 보호하며, 문자를 발송할 때 법적 규제를 준수해야 한다. 동의를 받은 유권자들에게만 문자를 발송하고, 수신 거부 기능을 제공하여 유권자들이 원하지 않으면 문자 수신을 중지할 수 있도록 해야 한다.

10) 효과 분석

- **성과 측정:** 문자 캠페인의 효과를 분석한다. 예를 들어, 문자 발송 후 참여율이나 응답률을 측정하여 어떤 메시지가 효과적이었는지 파악하고, 이를 바탕으로 이후 메시지를 개선한다.

문자(SMS, MMS, EMS 등)는 유권자에게 직접적으로 접근할 수 있는 효과적인 방법이다. 중요한 것은 유권자가 원하지 않는 메시지를 받지 않도록 배려하면서, 유권자와의 소통을 강화하고 신뢰를 쌓는 것이다.

7. 유튜브 선거운동 전략

유튜브를 활용한 선거운동은 매우 효과적인 전략이다. 유권자들에게 자연스럽게 다가가고, 친근함과 신뢰를 줄 수 있는 콘텐츠가 핵심이다. 아래와 같이 단계별로 접근해 보자.

1) 콘텐츠 전략 수립

- **정체성 확립:** 후보의 가치관, 비전, 공약을 명확하게 제시한다.
- **타겟 분석:** 연령대, 지역, 관심사 등을 고려해 타겟 유권자를 설정한다.
- **스토리텔링:** 감동적이거나 공감할 수 있는 스토리로 후보를 인간적으로 보여준다.

2) 콘텐츠 유형 제안

- **캠페인 Vlog:** 일상 속 후보의 진솔한 모습과 활동을 자연스럽게 담아낸다. 지역 행사 참여, 봉사 활동 등을 통해 친근감을 준다.
- **정책 브리핑 영상:** 어려운 공약을 쉽게 풀어 설명하는 짧은 영상 시리즈를 제작한다. 애니메이션이나 인포그래픽을 활용해 이해도를 높인다.
- **토크형 인터뷰:** 시민들과 소통하는 인터뷰 콘텐츠를 제작한다. 실제 유권자 질문에 답변하는 'Q&A' 코너도 좋다.
- **공약 실험 영상:** 후보의 공약을 실험하거나 체험하는 영상으로 현실성을 강조한다.
- **응원 메시지 모음:** 지지자와 지역 인사들이 후보를 응원하는 짧은 영상들을 모아 감동을 주는 영상으로 만든다.

3) 콘텐츠 스타일

- **짧고 간결하게:** 3~5분 이내로 메시지를 명확히 전달한다.
- **부드러운 편집:** 음악과 자막으로 따뜻하고 긍정적인 분위기를 연출한다.

- 현장감 살리기: 후보가 직접 시민과 만나는 장면을 많이 담는다.

4) 홍보 및 확산 전략

- **SNS와 연계:** 페이스북, 인스타그램, 틱톡 등과 유튜브를 연동해 짧은 클립을 재활용한다.
- **댓글 소통:** 적극적으로 댓글에 답변하여 친밀감을 형성한다.
- **유명인 협업:** 지역 유명인이나 인플루언서와 협업해 확산력을 높인다.

5) 데이터 분석과 피드백

- **조회수, 좋아요, 댓글 분석:** 인기 있는 영상 유형을 파악해 전략에 반영한다.
- **유권자 피드백 반영:** 댓글 의견을 정책 홍보에 반영해 유권자 참여를 유도한다.

마지막으로!

가장 중요한 것은 후보의 진정성을 담아내는 것이다. 유권자들은 꾸며낸 이미지보다 솔직하고 인간적인 모습을 더 신뢰한다. 자연스러운 소통과 꾸준한 활동으로 긍정적인 이미지를 심어주면 유튜브 활용 효과를 극대화할 수 있다.

8. 유튜브 구독자 확산 전략

유튜브를 활용해 선거운동을 효과적으로 하고, 유권자들을 다수의 구독자로 만드는 특별하고 기발한 방법에는 몇 가지 전략이 있다. 유권자들에게 강한 인상을 남기고, 그들이 자발적으로 구독하게 만드는 핵심은 진정성과 참여도에 있다. 여기 몇 가지 창의적인 접근 방안을 소개한다..

1) 후보의 일상 브이로그 (Vlog) 시리즈

유권자들에게 후보의 인간적인 모습을 보여주는 것이 중요하다. 단순한 캠페인 영상이 아니라, 후보가 일상에서 겪는 작은 순간들을 담은 브이로그를 시리즈로 올려보자. 예를 들어, "○○○ 후보의 하루"라는 제목으로 매일 다양한 활동을 공유하면서 유권자들에게 친근감을 준다.

- **추천 아이디어:** 후보가 동네를 걸으며 시민들과 대화하거나, 지역 상점에서 물건을 사는 모습, 행사에 참여하는 일상 등을 자연스럽게 보여주는 영상. 이렇게 유권자들은 후보의 진정성과 신뢰감을 느끼게 된다.

2) 주간 Q&A 라이브 방송

유권자들이 궁금해하는 점을 실시간으로 답변하는 Q&A 방송을 진행하자. 유권자들이 댓글로 실시간 질문을 남기면, 그에 대한 답변을 바로 주는 방식이다. 이를 통해 유권자들과 실시간으로 소통할 수 있고, 방송이 끝난 후에도 다시 볼 수 있도록 영상으로 남길 수 있다.

- **추천 아이디어:** 매주 정해진 시간에 라이브 방송을 열고, "이번 주 여러분이 궁금한 점"을 댓글로 받고 그에 대해 답변을 하는 형식으로 유권자들과 소통이다.

3) 공약 실험 영상

후보가 내세운 공약을 실제로 실험해보고, 그 결과를 영상으로 찍어서 공유하는 방식이다. 예를 들어, 후보의 정책 중 "교통 혼잡 해소 방안"을 제시한 후, 그 방안을 실제로 적용한 시뮬레이션이나 사례를 영상으로 찍어서 공유한다. 이는 유권자들에게 공약에 대한 신뢰도를 높이고, 정책을 실제로 실현할 수 있다는 확신을 줄 수 있다.

- **추천 아이디어:** "○○○ 후보가 제안하는 청년 일자리 정책"을 실제로 실현하기 위해 지역의 청년들과 함께 일자리를 창출하는 활동을 직접 보여주는 영상.

4) 유권자 참여형 챌린지

유권자들이 참여할 수 있는 특별한 챌린지를 만들어 보자. 예를 들어, "○○○ 후보와 함께 1주일간 환경 보호 실천하기" 같은 챌린지를 제안하고, 유권자들이 직접 실천하는 모습을 영상으로 찍어 해시태그와 함께 공유하도록 유도한다. 챌린지를 통해 유권자들은 적극적으로 참여하고, 유권자들이 만든 콘텐츠는 후보의 채널에도 공유할 수 있다.

- **추천 아이디어:** "○○○ 후보의 캠페인 슬로건을 외쳐보세요!"라는 챌린지를 만들고, 유권자들이 자신만의 방식으로 슬로건을 외치는

영상을 공유하는 방식.

5) '감동적인 사람 이야기' 시리즈

유권자들이 공감할 수 있는 감동적인 이야기를 담은 시리즈 영상을 만든다. 예를 들어, 후보가 지지하는 사람들의 사연을 소개하거나, 후보가 겪은 어려운 상황을 극복하는 이야기, 혹은 유권자들이 후보에게 보내는 감동적인 메시지를 영상으로 담아서 올리는 것이다. 유권자들이 감동을 느끼고 공감하게 되면, 그들은 자연스럽게 구독자가 된다.

- **추천 아이디어:** "○○○ 후보와 함께 성장한 사람들" 같은 주제로, 후보가 영향을 미친 사람들의 이야기를 다룬다.

6) 후보의 '문제 해결'을 보여주는 영상

후보가 제시한 정책을 실제로 해결하는 과정을 담은 다큐멘터리 형식의 영상을 제작한다. 예를 들어, "○○○ 후보가 제시한 공공시설 개선 프로젝트"를 실제로 진행하고, 그 과정을 찍어서 공개하는 것이다. 정책을 실현하는 모습을 보여주면, 유권자들은 그 후보가 실제로 문제를 해결할 수 있는 능력을 믿게 된다.

- **추천 아이디어:** "○○○ 후보가 지역 학교의 시설을 개선하기 위해 나섰다"는 식으로 정책을 실현하는 과정에 대한 다큐멘터리.

7) 유명인 및 인플루언서와의 협업 콘텐츠

유권자들에게 큰 영향을 미칠 수 있는 유명인이나 인플루언서와 협업하여 콘텐츠를 제작한다. 이들이 후보의 캠페인을 지지하는 영상이나 인터뷰를 올리면, 해당 인플루언서의 팔로워들이 자연스럽게 후보의 유튜브 채널로 유입될 수 있다.

- **추천 아이디어:** "○○○ 후보와 함께하는 라이브 토크쇼" 형식으로 유명인과 인터뷰를 진행하고, 그들의 팔로워들에게 후보를 소개한다.

8) 기타 크리에이티브한 형식

후보의 정책을 애니메이션이나 만화로 만들기: 후보의 정책이나 공약을 재미있고 유머러스하게 애니메이션이나 만화로 표현하여 유권자들의 관심을 끈다.

- **'○○○ 후보와 함께하는 미션' 시리즈:** 유권자들과 함께 작은 미션을 진행하고, 그 미션을 해결하는 모습을 담은 영상을 제작한다. 예를 들어, 지역 청소 미션, 주민들과 함께하는 공공시설 봉사 활동 등을 진행해 유권자들의 참여를 유도한다.

이러한 방법을 통해 유권자들에게 신선하고 창의적인 콘텐츠를 제공하면, 그들은 더 많이 구독하고, 더 많은 사람들과 공유하게 된다. 중요한 점은 콘텐츠의 진정성과 참여를 강조하여 유권자들이 자연스럽게 채널에 매력을 느끼게 만드는 것이다.

9. 카카오톡 선거운동 전략

카카오톡을 활용한 선거운동 전략은 개인적이고 직관적인 방식으로 유권자와 소통할 수 있기 때문에 매우 효과적인 방법이 될 수 있다. 카톡을 이용해 불특정 다수에게 선거운동을 하고 싶다면, 아래와 같은 전략을 고려할 수 있다.

1) 카톡 채널 개설 및 운영

- 카카오톡 채널을 개설해 공식적인 소통 공간을 마련한다. 카톡 채널은 유권자들에게 쉽게 접근할 수 있는 창구로, 1:1 채팅과 공지사항 등을 통해 유권자와 직접 소통할 수 있다.
- 홍보 내용은 주요 공약, 후보자의 가치관, 비전 등을 중심으로 간결하고 친근하게 전달한다. 또한, 후보자의 소식이나 지역 행사 참여 등의 실시간 업데이트를 공유해 유권자들과의 지속적인 연결을 유지한다.

2) 단체 채팅방 활용

- 단체 채팅방을 만들어 캠페인 활동을 공유할 수 있다. 유권자들끼리 의견을 나누고, 질문을 하거나 응원 메시지를 주고받을 수 있는 공간을 만들어 소통의 장을 제공한다.
- 캠페인 홍보를 위해, 예를 들어 지역 주민들과의 대화나 정책 관련 토론을 유도할 수 있다.

3) 카톡 오픈 채팅 활용

- 카톡 오픈 채팅을 활용하면 많은 사람들과 손쉽게 연결할 수 있다. 오픈 채팅 방에서 후보자의 정책에 대한 의견을 나누거나, 후보와 유권자 간의 대화를 이끌어낼 수 있다.
- 주제를 미리 정한 채팅방을 만들어 유권자들의 관심사나 공약에 대해 구체적으로 이야기할 수 있게 유도하고, 그 과정에서 자연스럽게 후보자의 진정성 있는 이미지를 각인시킨다.

4) 카톡 메시지 및 알림

- 카카오톡의 친구 추가 기능을 이용하여, 후보자의 공식 계정에 관심을 가진 유권자들에게 주기적으로 개인화된 메시지나 공지사항을 보낼 수 있다.
- 유권자와의 1:1 채팅 기능을 통해 개인적으로 다가가면 유권자들이 더 친밀감을 느낄 수 있다.
- 후보자의 비전이나 공약을 강조하는 짧은 메시지를 보내 유권자들에게 강렬한 인상을 남긴다. 다만, 너무 자주 보내지 않도록 주의한다.

5) 콘텐츠 유형 및 활용

- **이미지/영상 콘텐츠:** 선거운동의 메시지를 담은 짧은 영상이나 이미지를 공유할 수 있다. 특히 후보자의 공약이나 비전을 설명하는 콘텐츠를 짧고 간결하게 제작하여 카톡을 통해 빠르게 확산시킬 수 있다.
- **이벤트 및 참여 유도:** 카톡을 활용해 유권자들이 참여할 수 있는 이

벤트나 설문조사를 진행할 수 있다. 예를 들어, '내가 원하는 공약' 설문이나 후보의 비전 질문 등을 통해 유권자들의 의견을 수렴하면서 자연스럽게 홍보할 수 있다.

6) 카톡 광고 활용

- 카카오톡 광고를 활용해 카카오톡 친구 목록에 있는 유권자들에게 배너 광고나 메시지 광고를 보낼 수 있다. 이를 통해 후보자의 이미지를 적극적으로 노출시키고, 유권자들에게 공약을 홍보할 수 있다.

7) 유권자와의 적극적인 소통

- 카톡을 통해 유권자들이 보내는 질문이나 의견에 빠르게 답변하면서 소통을 강화한다. 유권자가 관심을 가지는 내용에 대해 적극적으로 반응하고, 자주 묻는 질문에 대한 답변을 미리 준비해 두면 효율적이다.

8) 친구 추천 및 확산 전략

- 유권자들에게 친구 추가 추천을 요청하거나, 카톡 채널을 추천하는 메시지를 보내도록 유도할 수 있다. 유권자들이 자발적으로 채널을 홍보하도록 유도하는 방식도 효과적이다.

9) 데이터 분석 및 피드백

- 카톡 채널 및 메시지 전달 후, 피드백을 분석해 유권자들의 반응을 파악하고, 그에 맞춰 전략을 수정하거나 후보의 메시지를 보강할 수 있다.

카톡 선거운동은 유권자와의 직접적이고 개인적인 소통이 핵심이다. 지나치게 공격적인 마케팅보다는 친근하고 인간적인 접근으로 유권자들의 관심을 끌고 신뢰를 얻는 것이 중요하다.

10. 페이스북 선거운동 전략

페이스북을 활용한 선거운동 전략은 유권자와의 소통을 강화하고, 선거 메시지를 널리 퍼뜨릴 수 있는 강력한 도구가 된다. 불특정 다수의 유권자들에게 나를 홍보하려면 다음과 같은 전략을 고려할 수 있다.

1) 페이스북 페이지 및 그룹 운영

- **페이스북 페이지 개설:** 후보자나 선거 캠페인 전용 페이지를 만들어서 선거 관련 소식, 공약, 비전 등을 게시한다. 페이지는 후보의 공식적인 소통 공간으로, 유권자들이 쉽게 팔로우하고 소식을 받을 수 있게 한다.
- **페이스북 그룹 활용:** 특정 주제나 지역에 관심 있는 유권자들을 모은 페이스북 그룹을 운영할 수 있다. 그룹 내에서는 유권자들의 의견을 듣고, 후보와 관련된 이야기나 정책 토론을 자유롭게 나누게 할 수 있다.

2) 콘텐츠 유형

- **정책 설명 및 공약 홍보:** 후보자의 주요 공약이나 정책을 설명하는 포스트를 작성한다. 간단하고 명확한 문구로 유권자들이 이해하기 쉽게 설명하고, 필요하면 인포그래픽이나 짧은 동영상을 활용해 시각적으로 전달할 수 있다.
- **비하인드 스토리 및 활동 영상:** 후보자가 참여한 지역 행사나 봉사 활동 등을 보여주는 비하인드 스토리영상을 업로드하면 유권자들에게 더 친근하게 다가갈 수 있다. 후보자의 일상적인 모습이나 진솔한 이야기를 담은 콘텐츠는 유권자와의 신뢰를 쌓는 데 도움이 된다.
- **유권자와의 소통 콘텐츠:** 유권자들이 댓글로 질문을 남기고 후보자가 직접 답변하는 Q&A 세션을 진행할 수 있다. 유권자들의 의견을 듣고, 그들이 궁금해하는 점에 대해 직접 소통하는 모습은 후보자의 신뢰도를 높인다.
- **응원 메시지 및 지지자 인터뷰:** 후보자를 지지하는 사람들의 응원 메시지나 인터뷰 영상을 게시한다. 다른 사람들이 후보를 지지하는 모습을 보여주는 것은 유권자들에게 긍정적인 영향을 줄 수 있다.

3) 광고 활용

- **페이스북 광고 캠페인:** 페이스북은 매우 강력한 광고 플랫폼이다. 타겟을 연령대, 지역, 관심사 등으로 세분화해서 정확한 유권자들에게 후보의 메시지를 전달할 수 있다. 유료 광고를 통해 선거 관련 콘텐츠를 더 넓은 범위로 확산시킬 수 있다.
- **광고 콘텐츠 다양화:** 이미지, 동영상, 카루셀 광고(여러 이미지를 한번에 보여주는 형식) 등 다양한 형식의 광고를 활용하여 유권자들

에게 다양한 방식으로 접근한다.

4) 유권자 참여 유도

- **공유 및 댓글 유도:** 유권자들에게 공유와 댓글을 유도하는 콘텐츠를 게시한다. 예를 들어, 특정 공약에 대한 의견을 묻거나, 유권자들이 후보를 지지하는 이유를 댓글로 남기도록 유도할 수 있다. 댓글과 공유가 많아지면 자연스럽게 콘텐츠의 노출이 늘어난다.
- **이벤트 및 설문조사:** 간단한 이벤트나 설문조사를 통해 유권자들의 참여를 유도한다. 설문조사는 유권자들이 관심 있는 주제를 다루고, 후보자와의 연결을 강화하는 방법이 될 수 있다.

5) 주기적인 게시 및 일관성 유지

- **게시 일정 수립:** 페이스북 페이지와 그룹에 꾸준히 게시물을 올려야 한다. 일정한 시간에 주기적으로 콘텐츠를 게시하면서 유권자들에게 지속적으로 노출되게 한다.
- **일관된 메시지:** 후보의 메시지와 이미지를 일관되게 유지하는 것이 중요하다. 캠페인 초반부터 끝까지 일관된 톤과 내용으로 유권자들에게 신뢰를 줄 수 있다.

6) 데이터 분석 및 전략 수정

- **통계 분석:** 페이스북은 매우 상세한 분석 도구를 제공한다. 광고의 반응, 게시물의 조회수, 댓글 등을 분석해서 어떤 콘텐츠가 유권자들 사이에서 반응이 좋은지 파악하고, 이를 기반으로 전략을 수정할 수 있다.

- **유권자 피드백 반영:** 유권자들이 남긴 댓글이나 메시지를 통해 얻은 피드백을 정책이나 콘텐츠에 반영하면 유권자들의 참여를 더 끌어낼 수 있다.

페이스북은 선거운동을 위해 매우 효과적인 플랫폼이다. 중요한 것은 유권자들과 진정성 있는 소통을 하고, 그들의 의견을 반영하는 것이다. 페이스북을 잘 활용하면 빠르게 유권자들에게 접근하고, 강력한 홍보 효과를 얻을 수 있다.

11. 블로그 선거운동 전략

블로그를 활용한 선거운동은 유권자들과 깊이 있는 소통을 할 수 있는 좋은 방법이다. 블로그는 긴 글을 통해 후보자의 비전과 공약을 상세히 설명할 수 있고, 검색을 통해 불특정 다수에게 접근할 수 있다. 블로그를 이용해 선거운동을 펼치려면 아래와 같은 전략을 고려할 수 있다.

1) 블로그 개설 및 꾸준한 관리
- **블로그 개설:** 먼저, 후보자나 캠페인 전용 블로그를 개설한다. 블로그는 유권자들에게 후보의 공식적인 정보와 콘텐츠를 제공하는 공간이 된다.

- **주기적인 콘텐츠 업데이트:** 블로그는 꾸준한 콘텐츠 업데이트가 중요하다. 주기적으로 선거 관련 소식, 공약 설명, 후보자의 생각 등을 포스팅해 유권자들과 지속적으로 소통한다.

2) 콘텐츠 유형

- **후보자의 비전과 공약:** 후보자가 가진 비전이나 공약을 구체적으로 풀어내는 글을 작성한다. 유권자들이 쉽게 이해할 수 있도록 공약의 배경과 구체적인 실천 계획을 상세히 설명한다.
- **후보자의 활동 내용:** 후보자가 참여한 지역 행사나 봉사 활동 등 활동 내용을 담은 포스팅을 한다. 이런 콘텐츠는 후보자의 진정성과 인간적인 모습을 보여주기 때문에 유권자들에게 긍정적인 이미지를 남길 수 있다.
- **정책 분석 및 설명:** 후보자가 제시한 공약을 분석하고, 그 공약이 왜 중요한지 설명하는 글을 작성한다. 유권자들이 공약에 대해 더 잘 이해할 수 있도록 쉽게 풀어낸다.
- **유권자와의 소통:** 유권자들이 자주 묻는 질문에 대해 답변하는 포스팅을 작성한다. 유권자들이 관심 있는 주제나 정책에 대해 글을 쓰고, 댓글을 통해 소통하면서 더 많은 참여를 유도할 수 있다.

3) SEO(검색엔진 최적화) 활용

- **키워드 최적화:** 블로그는 검색을 통해 유권자들에게 도달할 수 있기 때문에, 주요 키워드를 활용해 검색엔진 최적화(SEO)를 한다. 예를 들어, "후보자의 공약", "지역 발전 계획" 등과 같은 유권자들이 검색할 법한 키워드를 적절히 배치해 블로그의 노출을 늘린다.

- **태그 활용:** 블로그 글에 관련 태그를 추가하여 유권자들이 쉽게 찾을 수 있도록 한다. 예를 들어, "2025 선거", "OO시 후보", "OO 정책"과 같은 태그를 활용할 수 있다.

4) 유권자 참여 유도

- **댓글과 소통:** 블로그의 댓글 기능을 적극적으로 활용해 유권자들과 소통한다. 유권자들이 댓글로 질문을 남기면 그에 대한 답변을 블로그에 게시하여 후보와의 직접적인 소통을 강화한다.
- **설문조사 및 의견 수렴:** 블로그를 통해 유권자들의 의견을 들을 수 있는 설문조사나 투표를 진행한다. 유권자들이 자신의 의견을 쉽게 표현할 수 있도록 유도하고, 그 결과를 바탕으로 후보의 정책에 반영한다.

5) 이벤트 및 캠페인

- **이벤트 기획:** 블로그를 통해 유권자들이 참여할 수 있는 이벤트나 챌린지를 기획한다. 예를 들어, "내가 생각하는 OO 정책"에 대해 댓글로 의견을 남기게 하는 이벤트를 진행하면 유권자들의 참여를 유도할 수 있다.
- **공약 실천 사례 공유:** 후보자가 이미 실천한 공약이나 활동을 블로그에서 공유하며, 유권자들에게 신뢰를 줄 수 있다. 유권자들이 실제로 실행 가능한 공약을 지지할 확률이 높아지기 때문이다.

6) 콘텐츠 확산 및 홍보

- **SNS와 연계:** 블로그 글을 페이스북, 트위터, 인스타그램 등 SNS에

공유하여 더 많은 유권자들에게 도달할 수 있도록 한다. SNS에서 블로그 글을 공유하면서 유권자들의 관심을 끌고, 그들이 블로그에 방문하도록 유도한다.

- **친구나 지지자들에게 홍보 요청:** 지지자들에게 블로그 글을 공유하거나 소개하도록 유도해 콘텐츠를 더 많은 사람들에게 확산시킬 수 있다.

7) 데이터 분석 및 피드백

- **방문자 분석:** 블로그의 방문자 수, 방문 경로, 인기 있는 글 등을 분석하여 어떤 콘텐츠가 유권자들에게 인기가 있는지 파악한다. 그런 다음, 인기 있는 콘텐츠와 관련된 글을 추가로 작성하거나, 반응이 적은 콘텐츠를 수정하여 전략을 개선한다.
- **피드백 반영:** 유권자들이 블로그에서 남긴 댓글이나 의견을 반영해 콘텐츠나 공약에 대한 설명을 추가하거나 수정한다. 유권자들의 의견을 반영하는 모습은 후보자에게 신뢰를 더할 수 있다.

블로그는 긴 글을 통해 후보자의 진지한 모습을 보여주고, 정책과 비전에 대해 깊이 있는 설명을 할 수 있는 좋은 도구다. 중요한 것은 유권자들과의 지속적인 소통과 피드백을 바탕으로 콘텐츠를 개선하며 신뢰를 쌓는 것이다. 블로그를 잘 활용하면 많은 유권자들에게 효과적으로 다가갈 수 있다.

12. 카페 선거운동 전략

카페를 활용한 선거운동 전략은 그 특성상 커뮤니티 중심과 유권자와의 깊은 소통에 초점을 맞추는 게 중요하다. 카페는 일반적인 SNS와 달리 사람들이 구체적인 관심사를 가지고 모이는 공간이기 때문에, 그에 맞는 맞춤형 콘텐츠와 활동을 통해 유권자들의 참여를 이끌어내는 것이 효과적이다. 이제 기발하고 특별한 방법으로 카페를 활용한 선거운동 전략을 소개할게.

1) 후보와의 대화방 개설

카페 내에서 후보와의 대화방을 개설해 유권자들이 자유롭게 질문을 하고 답을 받을 수 있는 공간을 만든다. 대화방은 1:1 소통이 가능하도록 하거나, 특정 주제별로 세분화된 대화방을 만들 수도 있다. 이를 통해 유권자들은 후보와 직접 대화하는 기회를 갖게 되고, 신뢰감과 친밀감을 형성할 수 있다.

- **추천 아이디어:** 카페의 특정 카테고리나 게시판에 'OO 후보와의 대화방'을 만들고, 유권자들이 관심 있는 주제에 대해 질문하거나 의견을 남기면, 후보가 직접 답변하는 형식으로 소통한다.

2) 정기적인 온라인 포럼 및 토론

카페를 활용하여 정기적인 온라인 포럼이나 토론 세션을 진행한다. 예를 들어, 매주 정해진 시간에 특정 정책에 대해 유권자들과 실시간으로 토론하는 형태의 이벤트를 개최할 수 있다. 이렇게 되면 유권자들은 직접 정책에 대해 의견을 내고, 후보의 입장을 듣는 기회를 가지게 된다.

- **추천 아이디어:** "○○○ 후보와의 정책 토론회"라는 제목으로 카페 내에서 정책에 대한 의견을 주고받을 수 있는 실시간 토론 공간을 마련한다. 이때 유권자들이 실제로 참여하게 되면, 자신이 캠페인에 영향을 미친다고 느껴 더 적극적으로 참여할 것이다.

3) 후보의 정책 시리즈 게시

카페를 활용해 후보의 정책에 대한 시리즈를 정기적으로 게시하는 방식이다. 예를 들어, 매주 한 가지씩 후보의 정책을 자세히 설명하는 글을 올리거나, 카드뉴스 형식으로 간단히 요약해서 게시하는 것이다. 유권자들이 쉽게 읽고, 이해할 수 있도록 시각적으로도 매력적인 콘텐츠를 제작하는 것이 중요하다.

- **추천 아이디어:** "○○○ 후보의 1분 정책 설명" 시리즈를 만들어, 각 정책을 1분 내외로 간결하게 설명하는 콘텐츠를 카페에 게시한다. 글에 이미지나 인포그래픽을 넣어 유권자들이 쉽게 공유할 수 있도록 만든다.

4) 카페 내 후보 지지 그룹 만들기

카페 내에 후보 지지 그룹을 만들어, 그 그룹의 활동을 통해 자연스럽게 후보를 홍보하고 지지를 이끌어낸다. 지지 그룹은 후보의 공약에 대한 논의, 후보의 활동을 공유하는 공간, 또는 지지자들끼리의 소통의 장이 될 수 있다. 이 그룹 내에서 활동적인 유권자들이 다른 카페 회원들에게 후보를 알리게 되면, 더 넓은 범위로 확산될 수 있다.

- **추천 아이디어:** "○○○ 후보 지지자 모임"이라는 그룹을 만들어, 후보의 활동을 공유하고 지지자들끼리 논의하는 공간으로 활용한다. 이 그룹에서 후보에 대한 토론을 벌이거나, 지지 활동을 계획하고 함께 실천할 수 있다.

5) 카페 내 설문조사 및 의견 수렴

카페를 활용해 설문조사나 의견 수렴을 정기적으로 진행한다. 이를 통해 유권자들의 관심사나 생각을 파악할 수 있고, 유권자들은 자신이 후보의 정책에 영향을 미칠 수 있다는 느낌을 받는다. 설문 결과를 바탕으로 캠페인 방향을 조정하는 모습을 보여주면, 유권자들은 자신이 캠페인에 중요한 역할을 한다고 느낄 수 있다.

- **추천 아이디어:** "○○○ 후보에게 바라는 정책" 설문을 카페 내에서 진행하고, 그 결과를 바탕으로 후보가 정책을 어떻게 수정할 것인지에 대해 게시글을 올려 유권자들과 소통한다.

6) 카페 내 이벤트 및 기부 캠페인

카페 내에서 특별 이벤트나 기부 캠페인을 진행할 수 있다. 예를 들어, 후보가 제시하는 공약에 맞춰 기부 캠페인을 시작하고, 참여한 유권자들에게 소정의 기념품을 제공하거나, 후보와의 만남 기회를 제공하는 방식이다. 이런 활동은 유권자들이 캠페인에 직접 참여하는 느낌을 주어, 더 많은 사람들을 유도할 수 있다.

- **추천 아이디어:** "○○○ 후보와 함께하는 지역 기부 캠페인"을 카페 내에서 게시하고, 기부한 유권자들에게는 감사의 메시지와 함께 후보와의 만남 기회를 제공하는 이벤트를 진행한다.

7) 후보의 일상 콘텐츠 공유

후보의 일상적인 활동이나 현장 방문을 카페에 공유하는 것이다. 후보가 실제로 지역 사회에서 활동하는 모습을 유권자들에게 보여주면, 후보의 신뢰도가 높아지고, 유권자들은 더 친근감을 느끼게 된다.

- **추천 아이디어:** "○○○ 후보의 오늘"이라는 제목으로 후보의 일상적인 모습을 사진이나 글로 공유하고, 유권자들과 후보의 활동을 공유하는 공간을 만든다.

8) 후보와 유권자 간의 1:1 소통

카페 내에서 후보와 유권자들이 1:1로 소통할 수 있는 특별한 공간을 만든다. 예를 들어, 매주 정해진 시간에 유권자들과 후보가 직접 채팅을 하거나, 개인적인 질문을 받을 수 있는 시간대를 지정하는 것이다.

- **추천 아이디어:** "○○○ 후보와 1:1 대화" 시간을 정해 놓고, 유권자들이 후보에게 직접 질문하거나 의견을 남길 수 있는 공간을 제공한다.

이 전략들은 유권자들이 자연스럽게 참여할 수 있도록 유도하고, 후보와의 친밀감을 쌓을 수 있는 기회를 제공한다. 카페는 단순한 정보 제공을 넘어서, 유권자들의 의견을 듣고 소통하는 공간으로 활용될 때, 더 큰 효과를 발휘할 수 있다.

13. 트위터 선거운동 전략

트위터를 활용한 선거운동은 빠르고 직관적으로 유권자들과 소통할 수 있는 효과적인 방법이다. 트위터는 짧은 글을 통해 즉각적으로 메시지를 전달하고, 리트윗이나 해시태그를 통해 빠르게 확산시킬 수 있기 때문에 선거운동에 매우 유용하다. 불특정 다수의 유권자에게 나를 홍보하려면 다음과 같은 전략을 사용할 수 있다.

1) 트위터 계정 개설 및 관리

- **후보자 전용 계정:** 후보자나 선거 캠페인 전용 계정을 만든다. 이 계정은 유권자들에게 선거와 관련된 정보와 후보자의 메시지를 전달하는 공식적인 채널이 된다.
- **일관된 브랜드 유지:** 트위터 프로필 사진, 배경, 설명 등을 통해 일관된 이미지를 유지한다. 후보자의 정체성과 캠페인 메시지를 명확하게 나타내는 프로필을 만들어야 한다.

2) 콘텐츠 전략

- **짧고 강력한 메시지:** 트위터는 280자 제한이 있기 때문에 짧고 강력한 메시지를 전달해야 한다. 유권자들에게 후보자의 비전이나 공약을 간결하고 직설적으로 전달한다.
- **핵심 공약 홍보:** 후보자의 주요 공약이나 정책을 간단한 문장으로 정리해 여러 번 반복적으로 트윗한다. 트위터의 특성상 자주 노출되도록 해 유권자들이 기억할 수 있게 한다.
- **정치적 논쟁에 참여:** 트위터는 다양한 정치적 논의가 활발히 이루어지는 플랫폼이다. 유권자들이 관심 있는 이슈에 대해 적절히 의견을 내고, 후보자의 입장을 표현하면서 자연스럽게 소통할 수 있다.
- **트위터 스레드 활용:** 여러 트윗을 이어서 올리는 스레드를 활용해 긴 글을 트위터 특성에 맞게 나누어 설명할 수 있다. 공약이나 정책 설명을 스레드 형식으로 올리면, 한 번에 많은 정보를 제공할 수 있다.

3) 해시태그 활용

- **인기 해시태그 참여:** 선거와 관련된 인기 있는 해시태그에 참여해 유권자들의 관심을 끌 수 있다. 예를 들어, "#2025선거"나 "#○○시 후보"와 같은 관련 해시태그를 사용하면 더 많은 사람들에게 노출될 수 있다.
- **자체 해시태그 만들기:** 캠페인의 아이덴티티를 나타낼 수 있는 고유의 해시태그를 만들어서 트윗에 포함시킨다. 예를 들어, "#○○○ 후보와 함께"와 같은 해시태그는 후보자와 캠페인의 메시지를 강화하는 데 유용하다.

4) 유권자와의 소통

- **댓글 및 멘션에 답변:** 유권자들이 댓글을 달거나 멘션을 하면 적극적으로 답변한다. 트위터는 빠른 소통이 가능한 플랫폼이기 때문에, 유권자들과 실시간으로 소통할 수 있는 장점이 있다.
- **질문 받기:** 유권자들에게 정책이나 후보에 대한 질문을 받는 트윗을 작성하고, 댓글을 통해 답변을 한다. 이는 후보자에 대한 궁금증을 해소하고, 신뢰를 구축하는 데 도움이 된다.

5) 유명인 및 인플루언서와 협업

- **유명인 지원:** 지역 유명인이나 인플루언서가 후보자를 지지하는 트윗을 하면 후보자에게 더 많은 노출을 줄 수 있다. 유명인이 트위터에서 후보를 지지하는 트윗을 리트윗하거나 멘션하면, 그들의 팔로워들에게도 노출되어 확산될 수 있다.
- **트위터 인플루언서와 협업:** 지역 내 인기 있는 트위터 인플루언서나 블로거와 협업해 후보를 지지하는 글을 작성하거나 트윗하게 할 수 있다. 그들의 팔로워들이 후보를 알게 되고, 더 많은 관심을 끌 수 있다.

6) 트위터 광고 활용

- **유료 광고 활용:** 트위터는 광고 기능을 제공하므로 유료 광고를 활용해 유권자들에게 후보자의 메시지를 더 넓게 전달할 수 있다. 타겟 유권자층을 설정하고, 그들에게 맞춤형 메시지를 전달하는 광고를 게재할 수 있다.

트위터 카드 사용: 트위터 카드 기능을 활용해 트윗을 클릭하면 후보자 페이지나 공약에 대한 더 많은 정보를 볼 수 있도록 유도한다. 이는 유권자들에게 깊이 있는 정보를 제공하는 좋은 방법이 된다.

7) 실시간 트렌드 활용

- **실시간 이슈 반영:** 트위터는 실시간으로 이슈가 발생하는 플랫폼이다. 중요한 사회적 이슈나 사건에 대해 후보자가 빠르게 의견을 제시하거나 입장을 밝히면, 실시간 트렌드에 올라갈 수 있다. 이는 후보자의 신속한 반응을 통해 유권자들에게 긍정적인 이미지를 줄 수 있다.

8) 데이터 분석 및 전략 수정

- **트위터 분석 도구 활용:** 트위터에서 제공하는 분석 도구나 외부 분석 툴을 사용해 어떤 트윗이 유권자들에게 반응이 좋았는지 확인한다. 반응이 좋았던 트윗의 유형을 파악하고, 이를 기반으로 전략을 개선한다.
- **트렌드 분석:** 트위터의 인기 주제나 해시태그를 분석해 유권자들이 관심을 가지는 이슈를 파악한다. 이를 통해 유권자들의 관심사에 맞는 콘텐츠를 제공할 수 있다.

트위터는 빠르고 실시간으로 소통할 수 있는 플랫폼이기 때문에, 선거 운동에 매우 효과적이다. 중요한 것은 유권자들과 끊임없이 소통하고, 트위터 특성에 맞는 콘텐츠를 제공하는 것이다. 트위터를 잘 활용하면 후보자의 메시지를 빠르게 확산시킬 수 있다.

14. 인스타그램 선거운동 전략

인스타그램을 활용한 선거운동은 시각적인 콘텐츠를 통해 유권자와 직접적으로 소통할 수 있는 강력한 방법이다. 인스타그램은 이미지와 영상 중심의 플랫폼이기 때문에 후보자의 이미지나 메시지를 효과적으로 전달할 수 있다. 불특정 다수인 유권자들에게 나를 홍보하려면 아래와 같은 전략을 사용할 수 있다.

1) 인스타그램 계정 관리

- **후보자 전용 계정:** 후보자나 선거 캠페인 전용 계정을 개설한다. 개인 계정과는 분리하여 유권자들이 쉽게 찾을 수 있도록 한다. 프로필 사진과 배경 이미지 등은 후보자의 이미지와 캠페인 메시지에 맞춰서 꾸민다.
- **일관된 스타일 유지:** 계정에 게시되는 콘텐츠의 스타일을 일관되게 유지한다. 예를 들어, 이미지나 색감, 폰트 스타일 등을 통일시켜 캠페인의 브랜드 아이덴티티를 확립한다.

2) 콘텐츠 전략

- **비주얼 중심 콘텐츠:** 인스타그램은 시각적인 요소가 중요한 플랫폼이다. 후보자의 얼굴이나 캠페인 이미지를 담은 고품질의 사진과 영상을 자주 게시한다. 유권자들이 눈에 띄게 만들어야 한다.
- **비하인드 씬 영상:** 후보자의 일상이나 선거운동 활동을 담은 비하인드 씬 영상을 게시하여 유권자들에게 친근하게 다가간다. 예를 들

어, 후보자가 지역 행사에 참여하거나 유권자들과 소통하는 모습을 담은 영상을 올린다.

- **공약과 정책 설명:** 공약이나 정책을 간단한 이미지나 인포그래픽으로 요약해 올린다. 유권자들이 한 눈에 공약을 이해할 수 있도록, 직관적이고 깔끔한 디자인을 사용하는 것이 좋다.

3) 스토리와 라이브 방송 활용

- **인스타그램 스토리:** 스토리를 활용해 실시간으로 유권자들에게 정보를 제공한다. 예를 들어, 유세 현장이나 후보자의 메시지를 빠르게 전달하는 데 유용하다. 스토리는 하루 동안만 노출되기 때문에 긴급한 공지나 짧은 캠페인 메시지를 전달하기 좋다.
- **라이브 방송:** 인스타그램 라이브 방송을 활용하여 유권자들과 실시간으로 소통한다. 후보자가 자신의 비전이나 정책에 대해 설명하고, 유권자들의 질문에 답하는 형식으로 소통을 강화할 수 있다.

4) 해시태그와 위치 태그 활용

- **관련 해시태그 사용:** 선거와 관련된 인기 해시태그를 활용하여 유권자들에게 더 많이 노출될 수 있다. 예를 들어, "#2026선거"나, "#○○시 후보"와 같은 해시태그를 사용하면 검색을 통해 더 많은 유권자들에게 콘텐츠가 노출된다.
- **자체 해시태그 만들기:** 캠페인의 핵심 메시지나 슬로건을 담은 고유의 해시태그를 만들고, 이를 꾸준히 사용한다. 예를 들어, "#○○○후보와 함께"와 같은 해시태그를 사용해 유권자들이 참여하고 확산할 수 있도록 한다.

- **위치 태그 활용:** 유권자들이 가까운 지역에서 활동하는 후보자를 쉽게 찾을 수 있도록, 지역 행사나 활동에 위치 태그를 추가한다. 이는 후보자가 활동하는 지역의 유권자들에게 직접적인 영향을 미칠 수 있다.

5) 유명인 및 인플루언서 협업

- **인플루언서와 협업:** 지역 내 유명 인플루언서나 SNS에서 영향력 있는 인물들과 협업하여 후보자를 소개하거나 지지 메시지를 전한다. 이를 통해 후보자에 대한 관심을 끌고, 유권자들에게 신뢰를 줄 수 있다.
- **유명인 지지:** 지역 유명인이나 사회적 인지도가 있는 사람들이 후보자를 지지하는 게시물을 올리면 더 많은 유권자들에게 자연스럽게 노출될 수 있다. 이들은 후보자에게 긍정적인 이미지를 부여하고, 확산력을 높여준다.

6) 유권자와의 상호작용

- **댓글과 DM 활용:** 유권자들이 댓글로 남긴 질문이나 의견에 답변을 달아 소통을 강화한다. 개인적으로 DM을 통해 질문을 받거나 응답하는 방식으로 더 친밀감을 줄 수 있다.
- **콘텐츠 참여 유도:** 유권자들이 참여할 수 있는 이벤트나 캠페인을 진행한다. 예를 들어, 공약에 대한 의견을 묻는 게시물을 올리고, 유권자들이 댓글로 응답하도록 유도한다. 이를 통해 유권자들과의 관계를 더욱 공고히 할 수 있다.

7) 짧고 임팩트 있는 게시물

- **짧은 동영상 콘텐츠:** 인스타그램은 짧고 임팩트 있는 콘텐츠가 효과적이다. 1분 이내의 짧은 동영상을 활용해 후보자의 메시지나 주요 공약을 간단히 전달한다. 예를 들어, "○○○ 후보의 3대 공약"을 소개하는 1분 영상을 만들 수 있다.
- **비주얼과 텍스트의 조화:** 비주얼과 텍스트를 적절하게 조화시켜, 유권자들이 쉽게 이해할 수 있는 게시물을 만든다. 간단한 슬라이드 이미지나 텍스트 그래픽을 활용해 빠르게 정보를 전달한다.

8) 효과적인 게시물 시간

- **유권자들이 활동하는 시간대에 게시:** 인스타그램을 자주 사용하는 시간대에 맞춰 게시물을 올려 유권자들에게 최대한 노출될 수 있도록 한다. 일반적으로 아침, 점심시간, 저녁 시간대가 활동량이 많은 시간대다.

9) 인스타그램 광고 활용

- **타겟 광고:** 인스타그램 광고를 활용하여 특정 연령대, 지역, 관심사를 가진 유권자들에게 맞춤형 메시지를 전달할 수 있다. 광고를 통해 더 넓은 범위의 유권자들에게 후보자의 비전과 공약을 알릴 수 있다.
- **스토리 광고:** 인스타그램 스토리 광고를 활용하면, 유권자들이 빠르게 지나쳐 갈 때에도 짧은 메시지나 캠페인 영상을 노출할 수 있다.

10) 성과 분석과 개선

- **분석 도구 사용:** 인스타그램에서 제공하는 분석 도구를 활용해 어떤 콘텐츠가 유권자들에게 더 효과적인지 파악한다. 댓글, 좋아요, 공유 등을 분석해 인기 있는 콘텐츠 유형을 파악하고, 이를 바탕으로 후속 콘텐츠를 개선한다.

인스타그램은 비주얼 콘텐츠에 강점이 있는 플랫폼으로, 후보자의 이미지를 긍정적으로 강조하고, 유권자들과 친근하게 소통할 수 있는 방법이다. 시각적인 요소와 상호작용을 잘 활용하면, 유권자들에게 강력한 인상을 남기고 선거운동 효과를 극대화할 수 있다.

15. 텔레그램 선거운동 전략

텔레그램을 활용한 선거운동은 정보 공유와 유권자와의 소통에 매우 효과적인 방법이다. 텔레그램은 대화형 플랫폼으로, 후보자의 메시지를 유권자들과 직접적으로 소통하면서 전달할 수 있는 장점이 있다. 불특정 다수인 유권자들에게 나를 홍보하려면 아래와 같은 전략을 사용할 수 있다.

1) 텔레그램 채널 및 그룹 생성

- **후보자 전용 채널 만들기:** 텔레그램에서 '채널'을 만들어 후보자 전용 공간을 만든다. 이 채널은 유권자들에게 후보자의 메시지, 공약,

정책 등을 전달하는 주된 통로가 된다. 채널은 구독형이기 때문에 유권자들이 정보를 쉽게 받아볼 수 있다.

- **지역별 그룹 만들기:** 선거구 내 주요 지역이나 관심사를 기반으로 '그룹'을 만들어 유권자들과 직접 소통할 수 있는 공간을 마련한다. 그룹에서는 후보자와 유권자가 의견을 나누거나 질의응답을 할 수 있다.

2) 정기적인 콘텐츠 공유

- **공약 및 정책 설명:** 후보자의 주요 공약이나 비전 등을 텍스트, 이미지, 인포그래픽 등으로 정리하여 텔레그램 채널에 꾸준히 게시한다. 유권자들이 쉽게 이해할 수 있도록 핵심 내용을 짧고 간결하게 전달한다.

- **후보자 활동 기록:** 후보자가 참여하는 행사, 유세 활동, 지역 방문 등을 사진이나 영상으로 기록해 공유한다. 이렇게 하면 유권자들이 후보자와의 거리가 가까워지는 느낌을 받을 수 있다.

- **영상 콘텐츠 활용:** 텔레그램은 이미지와 함께 동영상도 쉽게 공유할 수 있다. 후보자가 자신의 정책을 설명하는 영상, 지역 유세 현장을 담은 영상 등을 텔레그램 채널에서 정기적으로 업로드한다.

3) 참여 유도 및 상호작용

- **질문과 답변(Q&A) 세션:** 유권자들이 직접 후보자에게 질문할 수 있는 시간을 마련해 실시간으로 답변을 제공한다. 예를 들어, 'ㅇㅇㅇ 후보에게 궁금한 점이 있으면 여기에서 질문을 남겨주세요!'와 같은 형태로 유권자들의 참여를 유도한다.

- **설문조사와 투표:** 텔레그램의 기능을 활용해 설문조사나 투표를 진행한다. 유권자들이 선호하는 공약이나 정책을 묻는 설문을 통해 유권자들의 의견을 직접적으로 반영할 수 있다. 예를 들어, "OO 후보의 공약 중 가장 중요한 것은 무엇인가요?"와 같은 투표를 통해 유권자들의 의견을 수렴한다.

4) 인포그래픽과 시각적 콘텐츠

- **간단한 정보 전달:** 텔레그램에서는 텍스트와 이미지를 쉽게 조합할 수 있기 때문에, 공약을 인포그래픽 형식으로 정리해 한눈에 보기 쉽게 제공한다. 예를 들어, "○○○ 후보의 3대 공약"과 같은 제목을 달고 주요 공약을 간단한 이미지로 표현하여 유권자들이 쉽게 이해하도록 한다.
- **비주얼 콘텐츠 활용:** 후보자의 사진, 캠페인 포스터, 공약을 설명하는 시각적 콘텐츠를 지속적으로 게시하여 유권자들의 관심을 끈다. 비주얼 콘텐츠는 눈에 띄고 기억에 남기 때문에 매우 효과적이다.

5) 지지자와의 소통

- **지지자 유도:** 텔레그램 채널에 지지자들이 참여하도록 유도한다. 예를 들어, "○○○ 후보를 지지하는 분들은 채널을 구독하고, 캠페인에 참여해 주세요!"와 같은 메시지를 통해 지지자들의 참여를 활성화한다.
- **지지자 메시지 공유:** 지지자들이 보내는 응원 메시지나 지지 선언 등을 텔레그램 채널에 공유한다. 이렇게 하면 후보자에 대한 신뢰와 긍정적인 이미지를 유권자들에게 전달할 수 있다.

6) 소셜 미디어와의 연계

- **다른 플랫폼과 연동:** 텔레그램 채널에서만 활동하기보다는, 다른 소셜 미디어 플랫폼(인스타그램, 페이스북, 유튜브 등)과 연계하여 캠페인을 확대한다. 예를 들어, 페이스북에서 유세 현장을 라이브로 방송한 후, 그 링크를 텔레그램 채널에 공유하여 유권자들이 실시간으로 참여할 수 있게 한다.

- **콘텐츠 크로스 포스팅:** 각 소셜 미디어에서 제작한 콘텐츠를 텔레그램 채널에 공유함으로써 다양한 유권자에게 노출시킨다. 이를 통해 텔레그램 외의 채널을 통해 유입된 유권자들에게도 선거 캠페인을 알릴 수 있다.

7) 핵심 메시지 전달

- **짧고 간결한 메시지:** 텔레그램을 통해 전달되는 메시지는 간결하고 핵심적인 내용이어야 한다. 유권자들이 쉽게 이해할 수 있도록 간단한 문장과 핵심 메시지 위주로 구성한다.

- **정기적인 업데이트:** 유권자들에게 중요한 정보를 잊지 않고 전달하려면 정기적인 메시지 업데이트가 필요하다. 예를 들어, 주간 캠페인 진행 상황이나 앞으로의 일정 등을 텔레그램 채널에 정기적으로 업데이트한다.

8) 긴급 공지 및 알림

- **긴급 공지:** 선거 유세 중 급히 변경된 일정이나 중요한 공지가 있을 때, 텔레그램 채널을 통해 실시간으로 빠르게 유권자에게 전달한다. 텔레그램은 즉각적인 소통이 가능하므로 긴급한 정보 공유에 매우

유용하다.

- **리마인드 기능:** 유권자들에게 선거일이 다가오면 미리 알림을 보내어, 선거에 대한 관심을 유도하고 참여를 촉진할 수 있다.

9) 효과적인 시간대에 게시

- **게시 시간 선택:** 텔레그램 메시지는 시간대에 따라 유권자들의 반응이 달라지므로, 유권자들이 가장 활발하게 활동하는 시간에 게시물을 올리는 것이 중요하다. 예를 들어, 점심시간이나 저녁시간대에 메시지를 보내면 더 많은 유권자가 메시지를 확인할 수 있다.

10) 성과 분석과 피드백

- **활동 분석:** 텔레그램 채널의 참여도와 반응을 주기적으로 분석하여, 어떤 유형의 콘텐츠가 유권자들에게 효과적인지 확인한다. 예를 들어, 설문조사나 투표에 얼마나 많은 유권자가 참여했는지, 댓글이나 메시지의 반응을 통해 성과를 파악한다.
- **피드백 반영:** 유권자들의 의견과 피드백을 수집하여, 선거 캠페인 전략을 보완하고 개선한다. 텔레그램은 직접적인 소통을 가능하게 하므로 유권자들의 목소리를 잘 반영할 수 있다.

텔레그램은 유권자들과의 직접적인 소통을 강화하고, 정보를 빠르고 효과적으로 전달할 수 있는 유용한 플랫폼이다. 이를 통해 유권자들에게 나의 공약과 정책을 알리고, 소통을 촉진할 수 있다.

16. 라인 선거운동 전략

라인을 활용한 선거운동은 유권자들과의 개인적인 소통을 강화하고, 신속하고 직관적인 메시지 전달이 가능해서 매우 효과적이다. 라인을 통해 불특정 다수의 유권자들에게 나를 홍보하려면 다음과 같은 전략을 사용할 수 있다.

1) 라인 공식 계정 만들기

- **후보자 공식 계정 만들기:** 라인에서 공식 계정을 만들고, 이 계정을 통해 후보자의 공약, 비전, 활동 등을 유권자에게 전달한다. 공식 계정은 유권자들이 구독하고, 후보자의 메시지를 직접 받아볼 수 있게 해준다.
- **프렌즈 추가 유도:** 유권자들이 후보자 공식 계정을 친구로 추가하도록 유도한다. "○○○ 후보의 소식은 이 계정에서 받아보세요!"라고 홍보하며, 프렌즈로 추가한 유권자에게 특별한 혜택이나 정보를 제공할 수도 있다.

2) 정기적인 콘텐츠 공유

- **공약 및 정책 홍보:** 후보자의 주요 공약이나 정책을 간단한 메시지로 전달하고, 이미지나 인포그래픽을 활용하여 쉽게 이해할 수 있도록 공유한다. 예를 들어, "○○○ 후보의 3대 공약"이라는 주제로 간단한 이미지나 카드를 보내면 좋다.
- **후보자의 일상과 활동:** 후보자가 참여하는 행사나 유세, 지역 방문

등을 담은 사진이나 영상을 라인 계정을 통해 공유한다. 유권자들은 후보자가 실제로 활동하는 모습을 보고 더 친근감을 느낄 수 있다.

3) 1:1 메시지 소통

- **1:1 소통 채널 활용:** 라인은 1:1 대화가 가능하기 때문에, 유권자와 직접 소통할 수 있다. 유권자들이 궁금한 점이나 의견을 보내면, 후보자가 직접 답변을 통해 소통할 수 있다. 이를 통해 유권자들과 더 깊은 관계를 형성할 수 있다.
- **질문과 답변 세션:** 유권자들에게 "○○○ 후보에게 궁금한 점을 물어보세요!"라는 형식으로 질문을 받고, 이를 답변하는 시간을 마련한다. 이렇게 하면 유권자들이 참여하는 느낌을 줄 수 있다.

4) 메시지 알림과 공지

- **중요한 일정 공지:** 선거일이나 유세 일정 등 중요한 정보를 라인으로 실시간으로 알릴 수 있다. 예를 들어, "내일 ○○○ 후보의 유세 현장은 ○○에서 오후 3시부터 시작됩니다!"와 같은 정보를 빠르게 전달할 수 있다.
- **긴급 공지:** 급히 변경된 일정이나 중요한 공지 사항을 라인을 통해 바로 알릴 수 있다. 선거 기간 중 급한 뉴스나 변화가 있을 때 즉시 유권자들에게 알려준다.

5) 라인 스탬프와 이모티콘 활용

- **라인 스탬프 제작:** 후보자와 관련된 특별한 라인 스탬프를 만들어 유권자들에게 배포할 수 있다. 스탬프는 유권자들이 다른 사람들과

소통할 때 사용하는 작은 홍보 도구가 될 수 있다. 예를 들어, 후보자의 얼굴이나 슬로건을 담은 스탬프를 제공하면 유권자들이 자연스럽게 홍보에 참여하게 된다.

- **이모티콘 활용:** 유권자들과의 친근한 소통을 위해 이모티콘을 적극 활용한다. 텍스트만 있는 메시지보다 이모티콘이나 이미지가 포함된 메시지가 유권자들에게 더 친근하게 다가갈 수 있다.

6) 카드뉴스와 비주얼 콘텐츠

카드뉴스 및 포스터 공유: 라인은 카드뉴스나 포스터 형태의 이미지를 손쉽게 공유할 수 있다. 후보자의 공약이나 정책을 간단한 카드뉴스로 만들어 라인 계정에 게시하거나 개인적으로 유권자에게 전달할 수 있다.

- **비주얼 콘텐츠 강화:** 후보자의 활동 사진이나 영상, 인포그래픽 등을 비주얼 중심으로 정리하여 유권자들에게 시각적으로 인식될 수 있도록 한다. "○○○ 후보의 지난 유세 현장"과 같은 제목으로 사진이나 영상을 공유하면 유권자들이 후보자에게 더 친밀감을 느낄 수 있다.

7) 지지자와의 소통

- **지지자 그룹 만들기:** 지지자들끼리 소통할 수 있는 그룹을 만들어 활동을 공유하고, 응원 메시지를 주고받을 수 있도록 한다. 이를 통해 유권자들 간의 상호작용을 촉진하고, 후보자에 대한 지지의 메시지를 확산시킬 수 있다.

- **지지자 참여 유도:** 지지자들에게 선거 캠페인에 참여하도록 유도한다. 예를 들어, "○○○ 후보를 지지하는 분들은 이 메시지를 친구들에게 전송해주세요!"라는 식으로 지지 확산을 유도한다.

8) 라인 라이브 방송

- **라이브 방송 활용:** 라인의 라이브 방송 기능을 사용하여 후보자의 유세 현장이나 질의응답 시간을 실시간으로 방송한다. 유권자들이 실시간으로 참여하고 의견을 나눌 수 있는 기회를 제공한다.
- **라이브 방송 알림:** 중요한 라이브 방송이 있을 때, 사전에 유권자들에게 알림을 보내어 방송을 놓치지 않도록 한다. 방송 후에는 다시보기 링크를 공유할 수도 있다.

9) 프로모션과 이벤트

- **이벤트 진행:** 선거 지역에 관한 공약 발굴, 제안이나, 선거 캠페인과 관련된 동참 이벤트를 진행하여 유권자들의 참여를 유도한다. 예를 들어, "○○○ 후보의 공약 개발이나 이에 대한 의견을 보내면 적극 반영해 드립니다!"와 같은 이벤트를 통해 유권자들을 더 많이 참여시킬 수 있다.
- **한정판 콘텐츠 제공:** 유권자들에게 특별한 콘텐츠나 정보, 자료 등을 한정판으로 제공함으로써 그들의 관심을 끌 수 있다.

10) 성과 분석과 피드백

- **메시지 반응 분석:** 라인 계정을 통해 보낸 메시지에 대한 반응을 분석한다. 예를 들어, 얼마나 많은 유권자가 메시지를 읽었는지, 얼마나

자주 메시지에 반응했는지 등을 체크하여 향후 콘텐츠를 조정한다.
- **유권자 피드백 반영:** 유권자들이 남긴 댓글이나 의견을 적극적으로 반영하여 캠페인을 개선하고, 유권자들이 더욱 참여할 수 있도록 한다.

라인은 개인적이고 실시간 소통이 가능하여 유권자들과 가까워질 수 있는 강력한 도구다. 이를 통해 후보자에 대한 신뢰를 쌓고, 유권자들과 지속적인 소통을 할 수 있다.

17. 카드뉴스 선거운동 전략

카드뉴스는 짧고 간결하게 정보를 전달할 수 있어 선거운동에서 매우 효과적인 방법이다. 불특정 다수의 유권자들에게 나를 홍보하려면, 카드뉴스를 전략적으로 활용해야 한다. 아래는 카드뉴스 선거운동 전략에 대한 구체적인 방법이다.

1) 후보의 핵심 메시지 전달
- **간결하고 핵심적인 메시지:** 카드뉴스는 많은 정보를 한 번에 전달하기보다는 핵심적인 메시지를 간단하고 직관적으로 전달하는 게 중요하다. 후보자의 주요 공약, 비전, 정책 등을 짧고 간결한 문장으로

정리하여 카드뉴스로 만들어 공유한다.

- **핵심 포인트 강조:** 각 카드에는 후보자의 가치관, 주요 공약, 선거 목표 등 중요한 내용을 한 가지씩 담고, 시각적으로 잘 보이도록 강조한다. 예를 들어, "〇〇〇 후보의 3대 공약"처럼 한 가지 주제에 집중하는 것이 효과적이다.

2) 시각적 디자인 강화

- **눈에 띄는 디자인:** 카드뉴스는 시각적 요소가 중요하다. 텍스트와 이미지가 잘 조화를 이루는 디자인을 선택하고, 색상, 글꼴 등을 신중하게 설정하여 유권자들의 관심을 끌 수 있게 한다.
- **간단한 인포그래픽 활용:** 후보자의 공약을 그래픽으로 간단히 나타내거나, 인포그래픽을 활용해 중요한 정보를 시각적으로 전달한다. 예를 들어, "〇〇〇 후보의 교육 정책"을 간단한 그래픽으로 표현해 유권자들이 쉽게 이해할 수 있도록 만든다.

3) 순차적인 스토리텔링

- **이야기 형식으로 구성:** 카드뉴스는 여러 장의 이미지로 구성되므로, 하나의 큰 이야기를 만들어 유권자들에게 점진적으로 정보를 전달할 수 있다. 예를 들어, "후보자가 어떻게 성장했는지" 또는 "왜 이 공약을 중요하게 생각하는지"와 같은 스토리텔링 형식으로 구성한다.
- **질문과 답변 형식:** 카드뉴스를 통해 유권자들이 궁금해할 만한 질문을 던지고, 그에 대한 답을 순차적으로 풀어가는 방식도 효과적이다. 예를 들어, "〇〇〇 후보가 제시한 환경 정책은 무엇인가?"와 같은 형식으로 카드뉴스를 구성한다.

4) 유권자와의 소통 강조

- **유권자 참여 유도:** 카드뉴스를 통해 유권자들이 직접 참여할 수 있도록 유도한다. 예를 들어, "여러분의 의견을 댓글로 남겨주세요!" 또는 "○○○ 후보의 공약에 대해 어떻게 생각하시나요?"와 같은 문구로 유권자의 반응을 유도할 수 있다.
- **공약에 대한 유권자 피드백 반영:** 유권자들의 의견을 듣고, 이를 바탕으로 후보자의 정책이나 공약을 다듬을 수 있다는 점을 카드뉴스에서 강조한다. 예를 들어, "여러분의 의견을 반영해 ○○ 정책을 보완했습니다!"라는 내용을 카드뉴스로 전달할 수 있다.

5) 공유와 확산 유도

- **소셜미디어 공유 유도:** 카드뉴스는 쉽게 공유할 수 있기 때문에, 유권자들이 자신의 소셜미디어에 공유할 수 있도록 유도한다. 예를 들어, "이 카드뉴스를 친구들에게 공유해 주세요!"와 같은 문구를 넣어 유권자들의 자발적인 홍보를 이끌어낸다.
- **해시태그 사용:** 카드뉴스에 관련된 해시태그를 넣어 소셜미디어에서 쉽게 찾을 수 있도록 한다. 예를 들어, "#○○○ 후보 #○○공약"과 같은 해시태그를 추가하여 관련 콘텐츠가 확산될 수 있도록 한다.

6) 주요 이슈에 대한 카드뉴스 제작

- **핫한 이슈 활용:** 선거운동 중에 유권자들이 관심을 가질 만한 사회적 이슈나 정치적 쟁점에 대해 카드뉴스를 제작한다. 예를 들어, "○○○ 후보가 제시하는 일자리 정책"이나 " ○○○ 후보의 교육개혁 방안"과 같은 내용을 카드뉴스로 표현한다.

- **문제를 짚고 해결책 제시**: "○○ 문제를 해결하려면 ○○○ 후보가 필요하다"는 식으로 문제와 해결책을 간결하게 보여주는 카드뉴스를 만들어 유권자들에게 확실한 메시지를 전달한다.

7) 유권자들의 감정을 자극

- **감동적인 이야기 포함**: 후보자의 개인적인 이야기를 담아 유권자들이 감동을 느낄 수 있게 만든다. 예를 들어, 후보자가 겪었던 어려움이나, 어떤 계기로 정치에 입문했는지에 대한 이야기를 카드뉴스로 구성해 감동적인 메시지를 전달한다.
- **희망적인 메시지 강조**: "○○○ 후보와 함께라면 더 나은 미래가 된다"는 식으로 희망적이고 긍정적인 메시지를 강조하여 유권자들에게 긍정적인 이미지를 심어준다.

8) 다양한 콘텐츠 유형 활용

- **후보자 소개 카드뉴스**: 후보자 자신을 간단히 소개하는 카드뉴스를 만들고, "○○○ 후보는 이렇게 성장했습니다!"라는 형식으로 유권자들에게 개인적인 배경을 알린다.
- **선거 캠페인 일정 안내**: 카드뉴스로 선거 기간 동안의 중요한 일정이나 유세 장소 등을 안내한다. 예를 들어, "○○○ 후보의 유세 일정"이라는 제목으로 유권자들에게 실시간 정보를 제공한다.

9) 지지 유도 및 동참 촉구

- **지지 서명 요청**: 카드뉴스에서 지지를 요청하고, "○○○ 후보를 지지하는 서명을 해주세요!"라는 메시지를 전달하여 유권자들이 서명

에 동참하도록 유도한다.

- **지지 동영상 링크:** 카드뉴스에 지지 동영상을 담아 링크를 제공하거나, "○○○ 후보를 응원하는 영상"을 공유하여 유권자들의 참여를 유도할 수 있다.

10) 성과 분석 및 피드백

- **조회수 및 반응 분석:** 카드뉴스가 유권자들에게 얼마나 효과적으로 전달되었는지 분석한다. 카드뉴스를 본 유권자들의 반응을 확인하고, 반응이 좋은 카드뉴스를 반복적으로 공유하거나 개선할 부분을 수정한다.
- **피드백 반영:** 카드뉴스에 대한 유권자들의 피드백을 반영하여 후속 카드뉴스에 반영하거나, 더 나은 콘텐츠로 개선한다.

카드뉴스는 유권자들에게 핵심 메시지를 빠르고 직관적으로 전달할 수 있는 강력한 도구다. 디자인과 콘텐츠를 잘 구성해 유권자들이 쉽게 공유하고, 후보자와의 소통을 강화할 수 있도록 한다면 선거운동에 큰 도움이 될 것이다.

18. 음성 콘텐츠 선거운동 전략

음성을 활용한 선거운동 전략은 유권자들에게 개인적인 접근과 감동적인 소통을 제공하는 데 매우 유효하다. 음성 콘텐츠는 시청각적으로 감정을 전달할 수 있기 때문에, 후보의 진정성과 유권자와의 친밀감을 형성하는 데 강력한 도구가 될 수 있다. 여기에 몇 가지 기발하고 특별한 방법을 제시한다.

1) 후보의 목소리로 매일 인사말 전하기

후보가 직접 매일 아침이나 저녁에 짧은 음성 메시지로 유권자들에게 인사를 전한다. 이 메시지는 간단한 인사나 그날의 활동, 공약을 간단히 설명하는 방식으로 구성된다. 후보의 목소리를 직접 듣는 것만으로도 유권자들은 후보와의 거리가 좁혀지는 느낌을 받을 수 있다.

- **추천 아이디어:** "○○○ 후보의 오늘의 메시지"라는 제목으로 매일 음성 메시지를 보내, 후보가 무엇을 계획하고 있는지, 어떤 일을 하고 있는지를 알린다. 이런 메시지는 카카오톡이나 문자 메시지 등으로 전달할 수 있다.

2) 정기적인 오디오 방송

정기적으로 후보가 진행하는 오디오 방송을 만들어서 유권자들에게 중요한 이슈나 정책에 대해 설명하거나, 유권자들과 Q&A를 하는 방식이다. 음성 콘텐츠는 유권자들이 후보의 목소리를 직접 들을 수 있어 친근감과 신뢰를 더욱 강하게 느낄 수 있다.

- **추천 아이디어:** "○○○ 후보의 정책 시간"이라는 이름의 오디오 방송을 만들어, 후보가 정책에 대해 간단히 설명하고 유권자들의 질문을 받는 코너를 만든다. 이 방송은 팟캐스트 형식으로도 만들 수 있고, 유권자들이 궁금한 사항을 미리 질문하면 실시간으로 답변하는 형태로 진행한다.

3) 유권자와의 음성 Q&A 세션

음성을 활용하여 유권자들과 직접 Q&A 세션을 진행할 수 있다. 유권자들이 미리 질문을 보내면 후보가 음성으로 직접 답하는 방식이다. 이렇게 하면 유권자들은 후보의 생각을 듣고, 후보와의 거리가 가까워지는 느낌을 받을 수 있다.

- **추천 아이디어:** "○○○ 후보에게 묻다!"라는 캠페인을 시작하고, 유권자들이 궁금한 점을 음성으로 보내면, 후보가 직접 음성으로 답하는 코너를 만든다. 후보의 목소리를 듣고 질문을 해결할 수 있다는 점에서 유권자들의 참여를 이끌어낼 수 있다.

4) 감동적인 스토리텔링

후보가 직접 자신의 경험이나 공약에 대한 이야기를 음성으로 풀어내는 것이다. 사람들은 글보다 음성에서 더 많은 감정을 느끼게 되므로, 후보가 겪은 이야기나 비전을 감동적으로 전달하면 유권자들의 마음을 사로잡을 수 있다.

- **추천 아이디어:** 후보가 자신의 개인적인 경험이나 정치적 신념을 담은 감동적인 이야기를 음성 메시지로 전달한다. 이 메시지는 후보가 왜 정치에 참여하게 되었는지, 무엇을 바꾸고자 하는지에 대한 진심을 유권자들에게 전하는 데 효과적이다.

5) 음성 콘텐츠를 이용한 정책 브리핑

정책 브리핑을 음성 형식으로 제공하는 것도 매우 효과적이다. 유권자들은 텍스트보다 음성으로 들을 때 정책에 대한 설명을 더 잘 기억하고, 신뢰감을 느낄 수 있다. 특히 어려운 공약이나 복잡한 내용을 간단하고 명확하게 설명하는 데 음성 콘텐츠가 유용하다.

- **추천 아이디어:** "○○○ 후보의 정책을 알려드립니다!"라는 제목으로 음성 콘텐츠 시리즈를 제작한다. 각 공약에 대해 짧고 간결하게 설명하는 음성 파일을 정기적으로 배포하면, 유권자들이 공약에 대해 보다 쉽게 이해하고 기억할 수 있다.

6) 유권자 응원 메시지 받기

유권자들로부터 응원 메시지를 음성으로 받는 이벤트를 진행할 수 있다. 이 음성 메시지를 후보가 직접 듣고, 그 중 일부는 캠페인에 활용하여 유권자들과의 연결 고리를 더욱 강화할 수 있다.

- **추천 아이디어:** "○○○ 후보에게 응원의 한마디"라는 캠페인을 시작해, 유권자들이 자신의 응원 메시지를 음성으로 보내도록 유도한다. 이를 후보가 듣고, 감사의 메시지를 전하거나, 유권자의 메시지를 공

유하는 방식으로 활용한다.

7) 음성 기반의 퀴즈 이벤트

음성 퀴즈를 통해 유권자들이 후보의 정책이나 선거 관련 지식을 학습하면서 참여할 수 있는 재미있는 이벤트를 마련할 수 있다. 유권자들이 음성으로 답을 하고, 후보가 그 답을 설명하는 방식이다.

- **추천 아이디어:** "○○○ 후보의 선거 퀴즈"라는 이름으로 유권자들이 후보의 정책이나 선거 관련 정보를 맞추는 퀴즈를 음성으로 진행한다. 유권자가 맞힌 답에 대해 후보가 음성으로 해설을 달아주거나, 다음 주제에 대해 이야기하는 형식이다.

8) 후보의 현장 소리 공유

후보가 지역을 방문할 때나 봉사 활동을 할 때, 현장의 소리를 음성으로 전달한다. 예를 들어, 후보가 지역 주민들과의 만남에서 어떤 이야기를 나누었는지, 어떤 활동을 했는지를 음성으로 전하는 방식이다. 유권자들은 후보가 직접 활동하는 모습을 음성으로 듣고, 보다 생동감을 느낄 수 있다.

- **추천 아이디어:** "○○○ 후보의 현장 소리"라는 콘텐츠로 후보가 지역에서 활동하는 모습을 음성으로 기록하고, 이를 유권자들에게 전달한다. 이렇게 하면 후보의 현장감을 더욱 느낄 수 있다.

9) 음성 메시지로 감사의 뜻 전하기

후보가 유권자들에게 개별 감사 메시지를 음성으로 전하는 방법이다. 유권자들은 자신이 직접 음성 메시지를 받았다는 사실에 큰 감동을 받을 수 있다. 이런 개인적인 소통은 후보와 유권자 간의 유대감을 더욱 강화한다.

- **추천 아이디어:** 후보가 캠페인 참여자나 지지자들에게 개별적으로 감사의 음성 메시지를 전한다. 이 메시지는 단순한 감사의 말뿐만 아니라, 앞으로의 활동에 대한 기대와 각오를 담는다.

음성 콘텐츠는 유권자들에게 인간적인 접근을 제공하고, 감성적인 연결을 형성하는 데 매우 효과적이다. 후보의 목소리를 직접 듣고, 진심을 담은 메시지를 전달하면, 유권자들이 후보에게 더 많은 신뢰를 느끼게 될 것이다.

Ment

온라인 선거운동은 SNS, 유튜브, 카카오톡, 페이스북, 인스타그램 등과 디지털 광고 등을 효과적으로 활용하여 유권자와의 소통을 강화하고, 후보자의 메시지를 잘 전달할 수 있는 중요한 전략이다. 각 플랫폼의 특성을 반영한 콘텐츠 제작과 타겟 맞춤형 전략을 통해 후보자의 비전과 메시지를 유권자들에게 효과적으로 전달해야 한다.

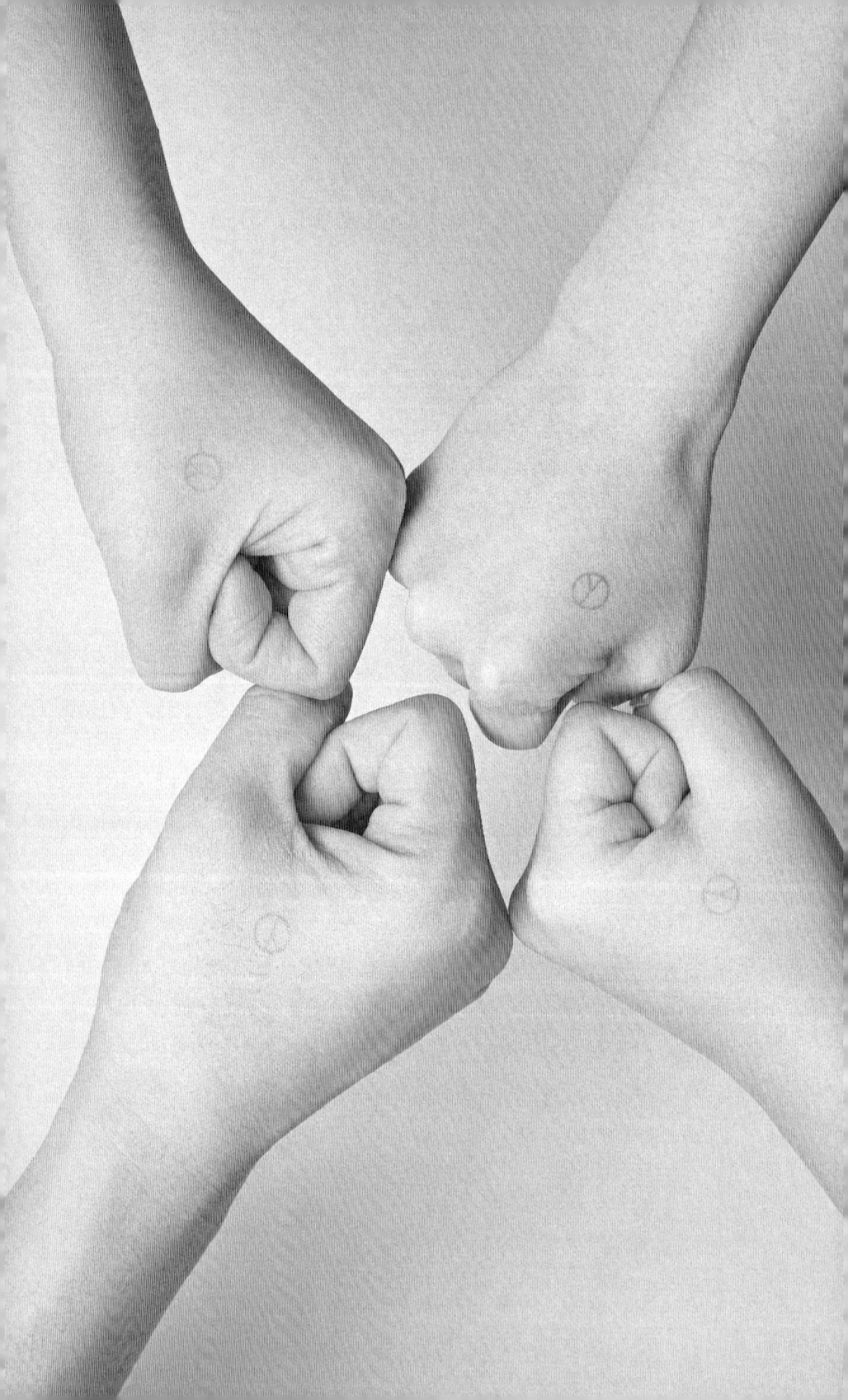

11장
네거티브 대응 및 위기 관리 전략

선거운동 중 네거티브 공격이나 위기 상황은 언제든지 발생할 수 있으며, 이에 효과적으로 대응하는 전략이 중요하다. 본 장에서는 상대 후보의 네거티브 공격 대응법, 선거 중 돌발 상황 대처법, 허위 정보 및 가짜 뉴스 대응 전략, 미디어를 활용한 이미지 회복 방법, 도덕적 우위를 유지하는 법에 대해 다룬다.

1. 상대 후보의 네거티브 공격 대응법

선거운동에서 상대 후보는 자신의 입지를 강화하기 위해 네거티브 전략을 사용할 수 있다. 이런 공격에 어떻게 대응할 것인지는 후보자의 이미지와 선거의 승패에 큰 영향을 미칠 수 있다.

1) 침착하게 대응

급하게 반응하지 말고 침착하게 대응하는 것이 중요하다. 네거티브 공격에 대해 감정적으로 반응하면 더 큰 논란을 초래할 수 있다. 객관적인 입장에서 차분하게 대응하는 것이 필요하다.

2) 사실과 증거로 반박

사실을 바탕으로 한 반박이 중요하다. 상대 후보의 주장에 대해 객관적이고 구체적인 증거를 제시하여 자신이 정당함을 입증한다. 비판적인 성격의 주장을 정확하게 반박하는 것이 핵심이다.

3) 공격적인 대응보다 긍정적인 메시지 유지

상대 후보의 네거티브 공격에 대응하는 것보다 자신의 비전과 정책에 집중하는 것이 더 효과적이다. 긍정적인 메시지를 지속적으로 강조하면서 공격에 대한 반응을 비례적으로 조절하는 것이 좋다.

4) 비판적인 요소를 전략적으로 활용

만약 공격이 실제로 부정적인 요소에 근거한 것이 아니라면, 이를 전략적으로 활용할 수 있다. 예를 들어, 공격이 사실이라면 이를 사과하거나 변명보다는 그것을 극복한 경험을 강조할 수 있다.

2. 선거 중 돌발 상황 대처법

선거 기간 중 예상치 못한 돌발 상황이나 위기는 언제든지 발생할 수 있다. 이를 대비하는 것이 중요하다.

1) 빠른 대응과 유연한 대처

위기 대응은 속도와 정확성이 중요하다. 상황 발생 시 즉시 대처할 수 있도록 위기 대응팀을 준비해 놓고, 빠르고 신속한 대응을 하는 것이 핵심이다. 정보의 정확성도 매우 중요하다.

2) 유권자와의 신뢰 유지

돌발 상황에 직면했을 때 유권자와의 신뢰를 유지하는 것이 중요하다. 유권자에게 상황을 투명하게 알리고 자신이 그 문제를 해결할 수 있다는 의지와 능력을 전달해야 한다.

3) 전문가의 의견을 반영

위기 상황에서 전문가나 외부 자문을 받는 것도 중요한 대응 전략이다.

위기관리 전문가나 법률 전문가와 협력하여 합법적이고 전략적인 대응을
할 수 있다.

4) 돌발 상황에 대한 장기적 대응 계획 수립

선거운동 초반부터 위기 대응 시나리오를 마련해 놓는 것이 좋다. 이 시
나리오에 따라 각종 돌발 상황에 맞는 대응 매뉴얼을 준비하고, 팀원들이
이에 따라 대응할 수 있도록 한다.

3. 허위 정보 및 가짜 뉴스 대응 전략

선거 중 허위 정보나 가짜 뉴스는 후보자의 이미지를 심각하게 훼손할
수 있다. 이러한 상황에 대응하는 전략은 매우 중요하다.

1) 신속하고 정확한 반박

가짜 뉴스가 퍼졌을 때는 즉각적으로 사실을 반박해야 한다. 공식적인
입장이나 증거 자료를 제시하여 잘못된 정보를 바로잡는다. 모든 소셜 미
디어 채널을 통해 빠르게 대응할 수 있도록 준비한다.

2) 법적 대응 고려

허위 사실이 심각한 영향을 미쳤다면 법적 대응을 고려할 수 있다. 법

적 절차를 통해 명예훼손이나 허위 사실 유포에 대해 법적으로 조치를 취하는 방법도 있다.

3) 유권자에게 정확한 정보 제공

진실된 정보를 유권자에게 제공하는 것이 중요하다. 투명한 소통을 통해 유권자들에게 정확한 사실을 전달함으로써, 허위 정보나 가짜 뉴스의 확산을 방지할 수 있다.

4) 믿을 수 있는 매체와 협력

언론과 협력하여, 허위 정보에 대한 정확한 반박 기사를 실을 수 있도록 노력한다. 신뢰할 수 있는 언론과 협력하여 상황을 바로잡고, 유권자에게 신뢰를 줄 수 있는 방법을 모색한다.

4. 미디어를 활용한 이미지 회복 방법

선거 중 위기나 네거티브 공격으로 인해 후보자의 이미지가 훼손될 수 있다. 이때 미디어 활용을 통해 이미지 회복을 할 수 있다.

1) 위기 상황을 기회로 전환

위기 상황을 이미지 회복의 기회로 만들 수 있다. 예를 들어, 위기에서 빠르게 대처하며 후보자의 리더십을 강조하거나, 후보자의 인간적인 면을 보여주는 등 긍정적인 변화를 강조하는 것이다.

2) 미디어 인터뷰 활용

주요 언론에 인터뷰를 요청하여 자신의 입장과 정책을 명확히 하고, 미디어를 통해 자신의 목소리를 직접 전달할 수 있다. 기자회견이나 토론을 통해 후보자의 신뢰성을 다시 확립할 수 있다.

3) 감성적인 스토리텔링

후보자의 인간적인 이야기나 감동적인 에피소드를 미디어를 통해 전달하여, 유권자들에게 친근감을 주고, 후보자의 도덕적 이미지를 회복할 수 있다.

4) 소셜 미디어의 적극적인 활용

소셜 미디어 채널을 통해 실시간 소통을 하여, 상황을 빠르게 진정시키고, 유권자들에게 직접 대응하는 모습을 보여주는 것이 중요하다.

5. 도덕적 우위를 유지하는 법

선거운동 중 도덕적 우위를 유지하는 것은 유권자들에게 신뢰를 주고, 후보자의 이미지를 보호하는 데 중요하다.

1) 일관된 도덕적 기준 유지

일관된 도덕적 기준을 가지고, 모든 정책과 발언에서 정직하고 투명한 태도를 유지한다. 모든 결정과 행동에 있어서 도덕적 기준을 지키는 것이 핵심이다.

2) 공정한 경쟁 원칙 준수

네거티브 공격을 하지 않고, 공정한 경쟁을 유지하는 것이 중요하다. 상대 후보를 존중하면서 자신의 비전과 정책을 선보이고, 불필요한 공격을 지양한다.

3) 유권자와의 소통에서 진정성 강조

유권자에게 진심으로 다가가고, 자신의 의도를 투명하게 설명하며, 항상 진정성을 강조하는 것이 중요하다. 사회적 책임감을 지니고 후보자로서의 역할을 충실히 수행하는 태도를 보이는 것이 도덕적 우위를 유지하는 데 필수적이다.

4) 자신의 실수에 대한 인정과 책임

만약 실수가 발생했을 경우, 빠르게 인정하고, 책임을 지는 모습을 보여주는 것이 중요하다. 이는 후보자의 도덕적 신뢰도를 높이고, 유권자들에게 신뢰를 줄 수 있다.

Ment

선거 과정에서의 네거티브 대응과 위기 관리는 후보자의 이미지와 선거 결과에 매우 큰 영향을 미친다. 침착한 대응, 사실 기반의 반박, 투명한 소통을 통해 위기를 기회로 바꿀 수 있다. 미디어 활용과 도덕적 우위를 지키는 전략을 통해 유권자들에게 신뢰를 주고, 위기 상황에서 더욱 강한 모습을 보여주는 것이 중요하다.

12장
토론과 미디어 대응 전략

선거운동에서 토론과 미디어 대응은 후보자의 이미지를 구축하고 유권자들에게 신뢰를 얻는 데 중요한 역할을 한다. 본 장에서는 토론에서 승리하는 법, 언론 인터뷰와 이미지 관리, 네거티브 공세에 효과적으로 대응하는 법에 대해 다룬다.

1. 토론에서 승리하는 법

토론은 후보자의 정치적 입장, 리더십 능력, 커뮤니케이션 능력을 유권자들에게 강하게 인식시킬 수 있는 중요한 기회이다.

1) 철저한 준비
- **정확한 정책 분석과 준비:** 후보자는 토론 주제에 대해 깊이 있게 준비해야 한다. 각 주제별 핵심 메시지를 미리 정리하고, 상대 후보의 주장에 대한 반박 준비도 해야 한다. 이슈별 대응 전략: 주요 정치적 이슈에 대한 명확한 입장과 정확한 데이터를 준비하여 논리적이고 설득력 있는 주장을 펼칠 수 있도록 한다.

2) 명확하고 간결한 메시지
- 복잡한 문장은 피하고 간결하게 말하는 것이 중요하다. 유권자가 쉽게 이해할 수 있도록 핵심 포인트를 간략하게 전달하는 것이 효과적이다. 일관된 메시지를 유지하여 토론 중에 혼란을 줄이고, 유권자들에게 정확한 이미지를 전달할 수 있도록 한다.

3) 감정 조절과 침착함 유지
- 상대 후보의 공격에 감정적으로 반응하지 않도록 한다. 침착하고 이성적인 태도를 유지하며, 공격적인 발언에 대한 냉철한 반박을 한다. 경쟁적이고 공격적인 태도보다는 우아한 답변과 자신감 있는 태도가 중요하다.

4) 유머와 인간미 활용

- 과도한 공격을 피하고, 때때로 유머와 인간적인 모습을 보여주는 것
  도 유권자에게 긍정적인 영향을 줄 수 있다. 하지만, 유머가 부적절
  하게 사용되지 않도록 주의해야 한다.

5) 상대 후보의 실수 파악

- 상대 후보가 실수를 하거나 논리적 오류를 범했을 때 기회가 된다면
  이를 정중히 지적할 수 있다. 하지만 이때 너무 공격적이거나 과도한
  비판을 피하고, 사실에 근거한 점잖은 반박을 하는 것이 중요하다.

2. 언론 인터뷰와 이미지 관리

언론은 후보자의 메시지와 이미지를 대중에게 전파하는 강력한 도구이
다. 따라서 언론 인터뷰에서 어떻게 이미지 관리를 할 것인가가 중요하다.

1) 인터뷰 준비와 메시지 일관성

- 미리 준비된 메시지를 중심으로 인터뷰에 응답한다. 후보자는 중요
  한 질문에 대해 간결하고 명확하게 답변해야 하며, 이때 핵심 정책과
  비전을 강조해야 한다. 인터뷰 전에 핵심 질문과 예상 답변을 준비하
  여 답변이 혼란스럽지 않도록 해야 한다.

2) 신뢰감 주기

- 진실성과 신뢰감을 중요하게 여긴다. 자신의 정책과 입장을 진지하고 솔직하게 이야기하는 것이 유권자들에게 신뢰를 줄 수 있다. 자신의 경험이나 성공적인 사례를 언급하면서 신뢰를 구축하는 것도 효과적이다.

3) 비판적 질문에 대한 침착한 대응

- 비판적인 질문에 대해서는 방어적이지 않게 침착하게 대응한다. 공격적인 질문이라도 논리적이고 사실에 근거한 답변으로 유권자들에게 자신감을 주는 것이 중요하다. 예를 들어, 정책에 대한 비판이나 실수에 대해 묻는 질문에 대해서는 책임을 인정하고 어떻게 개선할지에 대한 구체적인 계획을 제시하는 것이 좋다.

4) 비언어적 메시지 관리

- 인터뷰 시 표정, 몸짓, 목소리 톤 등 비언어적인 요소도 유권자에게 큰 영향을 미친다. 자신감 있는 태도를 유지하고, 긍정적인 표정과 차분한 목소리로 메시지를 전달한다.

5) 매체와의 관계 관리

- 정기적인 언론 접촉을 통해 후보자에 대한 지속적인 관심을 유지한다. 미디어와의 좋은 관계를 유지하며, 중요한 소식이나 정책 발표 시 언론을 통해 적극적으로 알리는 전략이 필요하다.

3. 네거티브 공세에 효과적으로 대응하는 법

선거 중 상대 후보의 네거티브 공세에 대한 효과적인 대응은 후보자의 이미지와 선거 결과에 중요한 영향을 미칠 수 있다.

1) 네거티브 공격에 대해 침착하고 논리적으로 대응

- 네거티브 공격에 대해 감정적으로 반응하지 않고, 논리적이고 사실 기반으로 대응해야 한다. 상대 후보의 공격이 허위 사실에 기반한 경우, 사실을 제시하여 진실을 밝히는 것이 중요하다.

2) 정책과 비전 강조

- 네거티브 공격을 피하려면 자신의 정책과 비전을 계속해서 강조하는 것이 좋다. 공격을 받더라도 긍정적인 메시지에 집중하면서 상대방의 공격을 무력화할 수 있다.상대 후보의 정책 부재나 구체성 부족을 지적하며, 자신의 구체적이고 실현 가능한 정책을 부각시키는 것도 효과적이다.

3) 공격을 반박하는 대신 비전 제시

- 공격에 대응하기보다 자신의 비전을 제시하는 것이 더 좋은 결과를 이끌어낼 수 있다. 비판에 대한 반응보다는 자신의 정책 목표에 집중함으로써 유권자들에게 신뢰를 줄 수 있다.

4) 공격에 대응하지 않음으로써 오히려 도덕적 우위 강화

- 때로는 네거티브 공격에 반응하지 않는 것이 유권자들에게 도덕적 우위를 전달할 수 있다. 상대 후보의 공격이 비이성적이거나 비도덕적인 경우, 공격에 반응하지 않음으로써 후보자 자신이 더 도덕적이고 성숙한 후보라는 이미지를 줄 수 있다.

5) 유권자와의 소통 강화

- 네거티브 공세에 대응할 때, 유권자와의 직접적인 소통을 강화하는 것이 중요하다. 지역 유세나 SNS를 통해 유권자들의 의견을 수렴하고, 유권자들과 신뢰를 쌓는 방식으로 네거티브 공세를 극복할 수 있다.

Ment

토론과 언론 인터뷰는 후보자의 이미지를 강화하거나 약화시킬 수 있는 중요한 기회이다. 이를 잘 활용하기 위해서는 철저한 준비, 명확한 메시지 전달, 침착한 태도가 필수적이다. 또한 네거티브 공세에 대해 감정적으로 반응하기보다는 논리적이고 사실에 기반한 대응을 하며, 정책과 비전을 강조하는 전략이 효과적이다. 이런 대응 전략을 통해 후보자는 더욱 신뢰받는 리더로 자리매김할 수 있다.

13장
효과적인 보도자료 전략

보도자료는 선거 캠페인의 핵심적인 홍보 도구 중 하나이다. 미디어를 활용하여 후보자의 메시지를 효과적으로 전달하고, 유권자들에게 긍정적인 인상을 심어줄 수 있다. AI 기술을 활용하면 보다 정교하고 신속한 보도자료 작성과 배포가 가능하며, 부정적인 보도에 대한 대응 전략도 마련할 수 있다. 본 장에서는 효과적인 보도자료 작성법, 배포 전략, 부정적 보도 대응 및 기자회견 활용법을 살펴본다.

1. 효과적인 보도자료 작성

1) 보도자료의 핵심 요소

보도자료는 명확하고 간결해야 하며, 뉴스 가치가 있어야 한다. 다음과 같은 요소를 포함하는 것이 중요하다.

- **제목:** 관심을 끌고 핵심 메시지를 전달하는 강렬한 제목 작성
- **리드(첫 문장):** 가장 중요한 정보를 요약하여 전달
- **본문:** 선거 이슈, 정책 발표, 후보자의 주요 메시지 등 구체적인 내용 포함
- **인용문:** 후보자 또는 대변인의 코멘트를 포함하여 보도자료의 신뢰성을 높임
- **배경 정보:** 캠페인 관련 추가 자료 및 웹사이트 링크 제공
- **연락처:** 기자들이 추가 정보를 얻을 수 있도록 담당자의 연락처 제공

2) AI를 활용한 보도자료 작성

AI는 다음과 같은 방식으로 보도자료 작성을 지원할 수 있다.

- **뉴스 및 미디어 트렌드 분석:** 최근의 정치 이슈 및 유권자 관심사를 분석하여 효과적인 메시지를 생성
- **자동 문장 생성 및 최적화:** 기존 보도자료를 분석하여 가장 효과적인 문장 구조와 표현 추천
- **데이터 기반 공약 지원:** 정책 및 공약 관련 데이터를 활용하여 신뢰성 높은 자료 포함

- **번역 및 다국어 지원:** 다문화 지역을 위한 다양한 언어로 보도자료 번역

2. 미디어 배포 전략

1) 타겟 미디어 선정

효과적인 보도자료 배포를 위해서는 적절한 언론사를 선정하는 것이 중요하다.

- **주요 전국 언론사:** 신문, 방송, 온라인 매체
- **지역 언론:** 특정 지역 유권자를 겨냥한 맞춤형 보도자료 제공
- **전문 매체:** 경제, 환경, 교육 등 특정 이슈를 다루는 매체 활용
- **소셜미디어 및 블로그:** 기자들이 참고할 수 있도록 온라인 콘텐츠 생성

2) AI 기반 미디어 배포 최적화

AI를 활용하면 보도자료 배포를 더욱 효율적으로 진행할 수 있다.

- **기자 및 언론 관계자 데이터 분석:** 영향력 있는 기자 및 미디어 담당자를 식별하고 맞춤형 보도자료 제공
- **배포 시간 최적화:** 뉴스 소비 패턴을 분석하여 가장 효과적인 시간대에 보도자료 전송

- **SNS 확산 전략:** 해시태그 분석 및 바이럴 가능성이 높은 콘텐츠 추천
- **실시간 성과 분석:** 배포 후 기사 도달률 및 반응 데이터 수집 및 분석

3. 부정적 보도 대응

1) 위기 상황 감지 및 대응

선거 기간 동안 발생할 수 있는 부정적 뉴스 및 상대 후보의 네거티브 캠페인에 신속하게 대응하는 것이 중요하다.

- **AI 기반 뉴스 모니터링:** 부정적인 기사 및 소셜미디어 반응을 실시간으로 감지
- **대응 메시지 자동 생성:** 위기 상황에 적절한 반박 논리 및 메시지 신속히 작성
- **감성적 커뮤니케이션 활용:** 유권자 신뢰를 회복할 수 있는 감성적인 이야기 전달

2) 언론 대응 및 신뢰 회복

- **즉각적인 해명 발표:** 부정적 뉴스에 대한 공식 입장 발표
- **긍정적 보도자료 확산:** 후보자의 강점을 부각하는 콘텐츠 배포

- **기자와의 관계 관리:** 신뢰할 수 있는 정보를 제공하여 정확한 보도를 유도

4. 기자회견 전략

1) 기자회견 기획

기자회견은 후보자의 메시지를 직접 전달할 수 있는 중요한 기회다. AI를 활용하면 기자회견의 효과를 극대화할 수 있다.

- **최적의 발표 주제 선정:** 뉴스 및 유권자 관심사 분석을 통해 효과적인 주제 결정
- **기자 예상 질문 및 답변 준비:** AI를 활용하여 예상 질문을 분석하고 적절한 답변 작성
- **비주얼 자료 준비:** AI 기반 슬라이드 및 인포그래픽 제작

2) 기자회견 후속 관리

기자회견 후에는 추가적인 홍보 및 대응 전략이 필요하다.

- 기자 질의 응답 내용 정리 및 배포
- SNS를 통한 기자회견 주요 내용 홍보
- 유권자 반응 분석 및 전략 수정

Ment

AI는 선거 캠페인의 보도자료 전략을 강화하는 데 강력한 도구가 될 수 있다. 효과적인 보도자료 작성, 맞춤형 미디어 배포, 부정적 보도 대응, 그리고 기자 회견 전략을 최적화함으로써 선거에서의 미디어 활용도를 극대화할 수 있다. AI 기술을 적극적으로 활용하여 전략적인 미디어 커뮤니케이션을 수행하는 것이 승리하는 선거의 핵심이 될 것이다.

14장
선거 막판 필승 전략

선거운동의 막판은 후보자와 캠프가 모든 자원과 역량을 집중하
여 승리를 쟁취할 수 있는 결정적인 순간이다. 본 장에서는 선거
운동 막판 총력전, 투표율을 높이는 전략, 조직표와 부동층 공략
법에 대해 다룬다.

1. 선거운동 막판 총력전

선거운동의 마지막 단계에서는 모든 자원과 조직을 집중하여 최고의 성과를 낼 수 있어야 한다. 유권자들에게 강력한 인상을 남기기 위해서는 전략적 접근이 필요하다.

1) 집중적인 유세 활동
선거운동 막판에는 유권자와의 만남을 극대화해야 한다. 지역별, 연령대별, 성별로 타겟을 설정하여 맞춤형 유세를 진행하고, 유권자와의 접촉을 계속해서 이어간다. 핫이슈에 대해 집중적으로 유세를 하여 마지막 순간에 유권자들의 마음을 얻을 수 있다.

2) 현장 유세와 거리 활동 강화
거리 유세나 현장 방문을 강화하여 유권자들에게 직접적인 소통을 강화한다. 자원봉사자를 동원하여 가장 중요한 지역에서 적극적인 유세 활동을 펼친다. 또한 유세 중 직접 대화를 통해 후보자의 인간적인 면모를 보여주는 것도 중요한 전략이다.

3) 핵심 메시지 반복
후보자의 핵심 메시지를 유권자들에게 지속적으로 반복하여 기억에 남게 한다. 중요한 점은 단순하고 명확한 메시지를 여러 번 반복하여 유권자들이 기억하도록 하는 것이다. 이때 메시지는 변화와 미래 비전을 강조하는 것이 효과적이다.

4) 소셜 미디어 및 디지털 캠페인 활용

디지털 캠페인을 강화하여 SNS, 이메일, 메시징 앱을 통해 끝까지 유권자와 소통한다. 유권자 맞춤형 콘텐츠를 제공하고, 실시간 소통을 통해 막판까지 유권자들의 참여를 유도한다. 특히 SNS 광고나 타겟팅 광고를 통해 남은 유권자들에게 집중할 수 있다.

5) 유세의 하이라이트 만들기

유세의 마지막 날에는 특별한 이벤트나 후보자의 마지막 메시지를 공개하여 유권자들의 관심을 집중시킨다. 감동적인 연설이나 심도 있는 질의응답을 통해 유권자들에게 마지막 인상을 남기는 것이 중요하다.

2. 투표율을 높이는 전략

투표율을 높이는 전략은 선거 막판 승패를 가를 수 있는 중요한 요소이다. 투표율을 높이는 것은 유권자의 참여를 독려하고, 자신의 지지층을 결집시키는 데 필수적이다.

1) 유권자들에게 투표의 중요성 강조

유권자들에게 투표의 중요성을 적극적으로 알리고, 투표 참여를 독려하는 현수막 게시, 투표 독려 문자 발송 등, 캠페인을 펼친다. 유권자들이 투표를 하지 않으면 선거 결과에 영향을 미칠 수 없다는 점을 강조한다. 지역별, 연령별로 맞춤형 메시지를 전달하여, 투표 참여의 동기를 강화한다.

2) 투표 독려 캠페인 강화

투표일 전날과 투표일 아침에는 유권자들에게 투표 독려 메시지를 보내고, 유권자 참여를 촉진하는 캠페인을 강화한다. 문자 메시지, 전화 통화, SNS 게시물 등을 활용하여 투표 독려를 한다. 투표소 위치와 시간에 대한 정확한 정보를 제공하여, 유권자들이 투표소에 쉽게 접근할 수 있도록 돕는다.

3) 거소 투표소, 이동 투표소와 교통 지원(직접 교통 편의 지원 불가)

선관위에 거소 투표소, 이동 투표소를 설치하게 하거나, 선관위가 교통 지원 방법을 제공하게 하여 투표 참여를 편리하게 만든다. 교통이 불편한 지역에서 투표하기 어려운 유권자들을 위해 투표소까지 이동할 수 있는 방법을 알려준다. 자원봉사자를 통해 유권자들이 투표소에 쉽게 갈 수 있도록 간접적으로 안내해 주는 것도 좋은 방법이다.

4) 가족 단위 참여 유도

가족 단위로 투표 참여를 유도한다. 가족 중 한 명이 투표에 참여하면, 다른 가족 구성원들도 함께 참여하도록 독려할 수 있다. 가족 단위 캠페인을 통해 한 사람의 참여가 다른 사람을 이끌어낼 수 있도록 한다.

5) 온라인 투표 시스템 홍보

향후 가능한 온라인 투표시스템이 개설된다면, 이를 활용하여 유권자들이 쉽게 투표할 수 있도록 독려한다. 온라인 투표 방법에 대한 정보 제공을 통해 투표율을 높인다. (현재, 일부 당내 선거에 적용)

3. 조직표와 부동층 공략법

선거 막판에는 조직표와 부동층을 공략하는 것이 매우 중요하다. 이들은 선거 결과를 좌우할 수 있는 핵심 집단이다.

1) 조직표 공략법

조직표는 정당, 지지 조직, 유권자 그룹을 통해 얻을 수 있는 투표층이다. 선거운동 막판에는 조직의 역량을 총동원하여 조직표 확보에 집중해야 한다.핵심 지지자와 중요 인물들을 활용하여 지지층을 결집시키고, 유권자들에게 투표를 독려하는 캠페인을 벌인다.조직원들에게 투표 독려를 강화하고, 투표 참여율을 높이기 위한 활동을 적극적으로 유도한다.

2) 부동층 공략법

부동층은 정당에 대한 지지도가 낮고, 아직 투표 의향을 확정하지 않은 유권자들을 말한다. 이들을 공략하기 위해서는 감성적인 메시지와 정책 공약을 강조해야 한다.부동층 유권자들에게 후보의 비전과 구체적인 정책을 전달하고, 후보의 진정성을 강조하여 이들로 하여금 투표할 이유를 제공한다.또한 부동층 유권자들이 갖고 있는 우려나 불안감에 대해 공감하는 자세를 보여주며, 이를 해결할 수 있는 정책 대안을 제시한다.

3) 맞춤형 소통 전략

부동층 유권자들을 대상으로 맞춤형 소통을 강화한다. 이들에게 다가가기 위해서는 개별화된 메시지와 개인적인 접근이 중요하다. 이를 위해 전화 캠페인, 1:1 면담, 지역 방문을 통해 부동층의 의견을 듣고 그들의 요구에 맞는 정책을 제시하는 것이 필요하다.

(4) 유권자 참여 유도

부동층 유권자가 정치에 대한 흥미를 가지도록 유도하고, 그들이 적극적으로 참여할 수 있도록 돕는다. 그들의 불확실한 태도를 바꾸기 위해 정책 설명회나 간담회 등을 개최하여, 후보의 입장과 정책을 직접 알리는 기회를 제공한다.

Ment

선거운동의 막판 필승 전략은 총력전을 펼치는 순간이다. 투표율을 높이고, 조직표와 부동층을 공략하는 데 집중하며, 최후의 순간까지 유권자와의 소통을 강화해야 한다. 유권자들에게 후보의 비전과 정책을 명확하게 전달하고, 투표 독려를 강화하여 승리를 쟁취할 수 있다.

15장
투표 독려 및 지지층 결집 전략

선거에서 투표 독려와 지지층 결집은 승패를 결정짓는 중요한 요소다. 핵심 지지층을 유지하고 부동층을 설득하는 전략, 사전투표와 본투표 독려 전략, 그리고 선거일 마지막 48시간에 집중할 전략을 잘 세워야 한다.

1. 핵심 지지층 유지 및 결속 방법

핵심 지지층은 선거에서 가장 중요한 투표층이다. 이들을 유지하고 결속시키는 전략은 지지 기반을 공고히 하고, 최종 투표에 이끌어내는 데 필수적이다.

1) 신뢰를 유지하는 소통

핵심 지지층과의 지속적인 소통이 중요하다. 정기적인 뉴스레터, SNS, 직접 만남 등을 통해 후보자의 비전과 정책을 재차 강조하고, 지지층의 우려 사항을 해결해 주는 것이 필요하다.정기적인 피드백을 요청하여 지지자들이 소외감을 느끼지 않도록 하고, 그들의 의견을 정책에 반영하는 모습을 보여준다.

2) 지지층의 감정적 결속

지지자들이 감정적으로 후보자에게 결속할 수 있도록 도와야 한다. 정기적인 유세와 이벤트를 통해 지지자들에게 후보자와의 개인적인 유대감을 느끼게 한다. 감동적인 이야기나 정책을 통해 지지층의 감정적인 반응을 유도하는 것도 중요한 전략이다.또한, 지지자들의 가치와 공유할 수 있는 목표를 명확히 하고, 그들이 선거에서 중요한 역할을 한다는 점을 강조하여 자긍심을 불어넣는 전략을 사용한다.

3) 소속감과 커뮤니티 형성

지지층을 단합시키고 소속감을 느끼게 하여 결속력을 강화한다. 지지자들이 자발적으로 캠페인에 참여하고, 자원봉사 활동을 할 수 있는 기회를 제공하여 캠페인에 대한 참여도를 높인다.핵심 지지자 그룹을 형성하여 이들끼리 상호 지원하도록 만들면, 선거운동의 시너지를 극대화할 수 있다.

2. 부동층을 설득하는 기술

부동층은 정당에 대한 확고한 지지가 없고 투표 결정이 불확실한 유권자들이다. 이들을 설득하기 위한 전략은 정책 중심의 접근과 후보자의 신뢰도를 중심으로 해야 한다.

1) 공감과 설득

부동층은 개인의 상황에 맞는 메시지와 후보자에 대한 신뢰를 통해 설득할 수 있다. 부동층 유권자들은 후보자에게 직접적인 영향을 느끼고 자신에게 유리한 정책을 제시 받기를 원한다.후보자의 인간적인 면모와 정책의 실현 가능성을 강조하며, 부동층의 우려나 불안을 공감하는 방식으로 접근해야 한다.

2) 정책에 대한 명확한 설명

부동층은 후보자의 정책에 대한 구체적인 설명이 부족하거나 불확실한 경우가 많다. 간결하고 명확한 정책을 제시하고, 그것이 부동층의 삶에 어떻게 긍정적 영향을 미칠 것인지를 설명하는 것이 중요하다.정책의 실현 가능성을 강조하고, 부동층이 정책의 장기적인 효과를 인식하도록 돕는 것이 효과적이다.

3) 개인적 접촉 및 대면 소통

부동층을 설득하기 위해서는 개인적인 접촉과 대면 소통이 중요하다. 전화 통화나 집 방문, 지역 행사에서 부동층과 직접 대화를 나누면서 후보자의 진정성과 비전을 전달한다.1:1 대화를 통해 그들의 우려를 해결하고, 궁금증을 풀어주는 전략이 유효하다.

4) 부동층의 이슈에 집중

부동층의 주요 관심사나 우려되는 문제에 대한 해결책을 구체적으로 제시하는 것이 중요하다. 예를 들어, 일자리, 경제 불안정, 복지 등의 문제를 중심으로 후보자가 어떻게 해결할 것인지를 명확히 설명하는 것이다.부동층의 목소리에 귀 기울이고, 그들의 문제 해결을 최우선으로 다룬다는 점을 어필하는 것이 효과적이다.

3. 사전투표 및 본투표 독려 전략

사전투표와 본투표를 독려하는 것은 선거일 전후로 투표율을 높이기 위한 중요한 전략이다. 특히, 사전투표는 시간적 여유가 있기 때문에 이를 효과적으로 활용하는 것이 중요하다.

1) 사전투표 독려 캠페인

사전투표의 중요성을 유권자들에게 적극적으로 알리고, 사전투표가 가능한 날짜와 장소를 안내하는 것이 필요하다.사전투표 캠페인을 통해 지지자들에게 빠르고 간편하게 투표할 수 있는 방법을 제시하고, 시간에 구애받지 않도록 유도한다.사전투표를 마친 유권자에게는 감사의 메시지를 보내는 등 지지층의 참여를 독려할 수 있는 방법을 사용한다.

2) 본투표 독려

본투표일이 가까워지면 유권자들에게 마지막으로 투표를 독려하는 메시지를 보낸다. 전화, 문자, 이메일, 그리고 SNS를 활용하여 투표소 위치와 시간을 정확히 안내하고, 투표 참여를 유도한다.투표 인증을 유도하는 캠페인도 효과적이다. 유권자들에게 투표 인증을 공유하도록 유도하여 투표 참여를 사회적 행동으로 만들 수 있다.

3) 투표소 접근성 개선

교통 지원이나 이동 투표소를 제공하여 투표소에 쉽게 접근할 수 있도록 한다. 특히, 교통이 불편한 지역에서는 투표소까지 가는 방법을 안내하고, 교통편을 제공하는 것이 유권자 참여를 촉진한다.

4. 선거일 마지막 48시간 전략

선거일의 마지막 48시간은 최고의 총력전을 펼칠 수 있는 시간이다. 이 기간 동안에는 모든 자원을 동원하여 최대의 효과를 내는 전략이 필요하다.

1) 투표 독려의 최전선

투표일 직전에는 집중적으로 유권자들에게 투표 독려 메시지를 보내야 한다. 이때, 전화 캠페인, 문자 메시지, 소셜 미디어 게시물 등을 활용하여 투표 독려를 강화한다.핵심 지지층과 부동층을 대상으로 한 1:1 맞춤형 소통을 강화하고, 투표를 잊지 않도록 리마인드 메시지를 반복적으로 전달한다.

2) 현장 유세 강화

마지막 48시간 동안에는 지역 유세 활동을 강화하여 직접 유권자와 소통한다. 거리에서 후보자의 목소리와 정책을 전파하며 유권자들의 투표 결정을 확정 짓도록 유도한다.유세 중에 투표소 위치와 투표 시간을 재확인하는 것도 중요하다.

3) 소셜 미디어의 최종 홍보

소셜 미디어를 통해 후보자 메시지를 집중적으로 전파한다. 유권자들에게 마지막으로 투표 참여를 유도하는 긴급 메시지를 반복적으로 올려 선거일에 대한 긴장감을 높인다.

4) 자원봉사자와 조직의 집중력 강화

자원봉사자와 핵심 지지층의 동원을 통해 마지막 순간까지 투표 독려 활동을 강화하고, 투표소로 유권자들을 안내하는 등 투표율을 최대한 높이는 활동에 집중한다.

※ 선거일 당일 선거운동 금지, 투표소 100미터 안에서 투표 참여 권유 행위 금지 등 선거법을 준수하여 한다.

Ment

투표 독려와 지지층 결집은 선거운동의 마지막 순간까지 중요한 전략이다. 핵심 지지층을 결속하고, 부동층을 설득하며, 사전투표와 본투표 독려 전략을 통해 유권자들의 참여를 유도해야 한다. 마지막 48시간 동안 최고의 집중력을 발휘하여 모든 자원을 동원하고, 투표율을 극대화하는 것이 최종 승리의 열쇠다.

16장
당선 후 전략

선거에서 승리한 후, 그 첫 100일은 매우 중요하다. 당선 후 전략
은 정치인으로서의 입지를 확고히 하고, 지지층을 유지하며, 다음
선거를 준비하는 데 필수적이다. 또한, 정치인으로서의 생존 전략
은 정치적 신뢰와 지속적인 지지를 얻는 데 중요한 역할을 한다.

1. 당선후첫100일전략

당선 후 첫 100일은 정치인으로서 정체성을 확립하고, 주요 정책을 실행하는 시기다. 첫 100일의 전략은 정치인으로서의 첫인상을 결정짓는 중요한 시점이므로, 전략적으로 접근해야 한다.

1) 감사 인사

당선 직후, 감사 현수막 게시와 함께, 선거 지역을 순회하며, 선거 때의 운동 순서로 감사 인사를 반드시 한다.

2) 주요 공약 이행

당선 후 첫 100일 동안에 가장 중요한 공약을 실천에 옮기는 것이 필요하다. 이 시기에 유권자들에게 실질적인 변화를 보여주지 않으면 지지층의 불만을 초래할 수 있다. 우선순위가 높은 공약을 빠르게 실행에 옮기고, 그 진행 상황을 유권자들에게 투명하게 공유하여 신뢰를 구축한다.

3) 협력과 소통

정치적 동료들과의 협력 관계를 구축하는 것이 매우 중요하다. 당선 직후, 협력적인 이미지를 만들기 위해 각 당의 주요 인물들과 소통하고, 다양한 정치적 지지층을 결집하는 노력이 필요하다. 정치적 소통을 통해 여야를 넘어선 연대와 협력의 이미지를 강화한다.

4) 투명한 리더십과 이미지 관리

투명하고 신뢰감 있는 리더십을 보여주기 위해, 중요한 결정이나 정책에 대해 유권자와 미디어에 소통하고, 투명한 관리를 보장한다.언론과의 소통을 잘 관리하여 정치적 신뢰를 쌓고, 비판적인 언론에 대해서도 적절히 대응하는 전략을 세운다.

5) 초당적 협력

당선 후 초기 단계에서 다양한 정치적 협력을 이루어내는 것이 중요하다. 예를 들어, 야당과의 협력이나 사회 각계각층과의 소통을 통해 정책 실행의 기반을 마련한다. 정치적 갈등이 심화가 되면 정책 실행에 어려움이 따르므로, 상호 협력과 타협을 중요시해야 한다.

2. 지지층 유지 및 다음 선거 준비

당선 후에는 지지층을 유지하고, 다음 선거를 준비하는 전략이 매우 중요하다. 당선이 일회적인 것이 아니라 지속적으로 정치적 입지를 확립하고 지지층을 강화하는 과정이 필요하다.

1) 지지층과의 지속적인 소통

당선 후에도 핵심 지지층과의 소통을 강화해야 한다. 정기적인 피드백을 받고, 지지층의 요구에 대해 귀 기울이며, 지속적인 관심과 배려를 보여야 한다.지지층의 기대를 충족시키기 위해 지속적인 정책적 이행을 보여주고, 이들이 자기 목소리를 낼 수 있는 기회를 제공하여 결속력을 높인다.

2) 정책 성과 강조

정책 성과를 유권자들에게 강조하며, 핵심 공약의 이행이 진행되고 있음을 지속적으로 알리는 것이 중요하다.자원봉사자와 지지자들을 통해 긍정적인 메시지를 계속 전파하고, 사회적 변화를 보여주는 성과를 만들어낸다.

3) 유권자와의 직접 소통

유권자들과의 대면 소통을 계속해서 이어가며, 지역 사회 방문이나 타운홀 미팅 등을 통해 자신의 활동을 알려준다.유권자들에게 정책이 그들의 삶에 미치는 영향을 명확히 전달하고, 후속 조치를 약속하는 등 대화의 장을 열어두는 것이 중요하다.

4) 차기 선거 전략 수립

다음 선거를 대비해 조기 전략을 수립하는 것이 필요하다. 정치적 경쟁을 예측하고, 유권자층의 변화에 따른 정책 수정 및 선거 전략을 준비해야 한다.정당 내 경쟁이나 당선 이후의 정치적 관계를 관리하는 데도 신경을 써야 한다. 지속적인 이미지 관리와 지지층의 결속을 위한 활동을 계속해서 이어 나간다.

3. 정치인으로서의 생존 전략

정치인으로서의 생존 전략은 긴 기간 동안 정치적 영향력을 유지하고, 안정적인 정치적 입지를 확보하기 위해 필수적이다.

1) 지속적인 이미지 관리

이미지 관리는 정치인으로서의 생명선이다. 자주 소셜 미디어나 언론을 통해 자신의 메시지를 전달하고, 공적인 모습을 계속해서 긍정적으로 보여준다.부정적인 여론에 대해서도 효율적으로 대응하며, 정치적 신뢰를 구축할 수 있는 방법을 모색해야 한다.

2) 지역 사회와의 긴밀한 연대

지역 사회와의 관계를 계속 유지하며, 지역 민생에 대한 관심을 표명하고, 주요 현안에 대한 입장을 명확히 한다.유권자들의 목소리를 들으며, 그들의 현실적인 문제를 해결하는 방식으로 자신의 정치적 입지를 강화한다.

3) 국회 내외의 정치적 협력

국회 내 정치적 협력과 당 내 관계를 잘 다듬어 나가야 한다. 당의 주요 인물들과의 협력 관계를 맺고, 타당과의 연대를 통해 정책 실현 가능성을 높인다.정당 내 경쟁자와의 갈등을 피하며, 협상과 타협을 통해 정치적 생존을 도모한다.

4) 장기적인 정치적 비전 제시

장기적인 비전을 제시하고, 유권자들에게 미래에 대한 희망을 불어넣는 것이 중요하다. 자신의 정치적 목표와 사회적 가치를 명확히 전달하며, 유권자들이 믿고 따를 수 있도록 해야 한다.지속적인 정책 제시와 미래 비전을 통해 유권자들이 자신을 정치적 리더로 신뢰할 수 있게 만든다.

Ment

당선 후 전략은 정치인으로서의 신뢰와 지지층의 결속을 확보하는 중요한 시기다. 첫 100일 동안에는 정책 실행과 소통을 강화하며, 지지층과의 관계를 이어가야 한다. 또한, 정치적 생존 전략을 위해서는 이미지 관리, 정당 내외의 협력, 그리고 장기적인 비전을 제시하는 것이 필요하다. 지속적인 소통과 정치적 신뢰를 기반으로 다음 선거 준비를 철저히 해야 한다.

선거 성공을 위한

10대 필수

CHECK LIST

Check 1

선거 출마를 결심했다면,
가장 먼저 해야 할 5가지

선거에 출마를 결심한 후보가 가장 먼저 해야 할 일들은 향후 선거 운동을 체계적으로 준비하고 성공적인 선거 캠페인을 위한 기반을 마련하는 데 중요한 역할을 한다. 다음은 선거 출마 결심 후 가장 먼저 해야 할 5가지이다.

1. 후보 자신의 강점과 약점 분석

1) 핵심:

- 후보 자신에 대한 객관적인 평가를 통해 자신의 강점을 부각시키고, 약점을 극복할 수 있는 전략을 세우는 것이 중요하다. 자기 분석은 선거 전략의 기초가 된다.

2) 실행 방법:

- **강점 분석:** 자신이 가진 경험, 인맥, 리더십, 지역사회에서의 평판 등 후보로서 유리한 점을 꼼꼼히 파악하고, 이를 선거 전략에 반영한다.
- **약점 분석:** 과거의 부정적인 이미지나 약점을 솔직히 인식하고, 이를 극복할 방안을 마련한다. 예를 들어, 인식 개선이나 리스크 관리 전략을 구체적으로 세운다.

2. 지역구 유권자 성향 조사

1) 핵심:

- 선거의 결과는 유권자들의 성향에 크게 의존하므로, 유권자의 관심사, 문제의식, 정치적 성향 등을 파악하는 것이 중요하다. 유권자 타겟팅을 정확하게 할 수 있다.

2) 실행 방법:

- **유권자 조사:** 설문조사, 인터뷰, 리서치 기관의 데이터를 활용하여 지역구 유권자의 민감한 이슈, 사회적 관심사, 정당 지지 성향 등을 파악한다.

집단별 특성 파악: 연령대별, 성별, 직업별 등 세분화된 유권자 성향을 분석하여 각 집단에 맞는 메시지와 공약을 설정한다.

3. 핵심 공약 3가지 설정

1) 핵심:
- 핵심 공약은 유권자들에게 가장 중요한 약속을 제시하는 것이다. 후보가 실현할 수 있는 구체적인 공약을 설정하고, 이를 통해 유권자들에게 신뢰를 줄 수 있다.

2) 실행 방법:
- **핵심 문제 선택:** 지역 주민들이 가장 관심을 가지는 이슈를 파악하고, 그 문제를 해결할 수 있는 공약을 설정한다. 예를 들어, 교통 문제, 교육 환경 개선, 복지 확충 등이 될 수 있다.
- **실현 가능성:** 공약은 구체적이고 실현 가능한 것이어야 하며, 장기적인 비전과 단기적인 효과를 고려해 균형을 맞추는 것이 중요하다.
- **핵심 메시지:** 공약은 단순히 숫자나 정책을 나열하는 것이 아니라, 유권자가 공감할 수 있는 메시지로 전달해야 한다.

4. 선거 예산 및 후원자 확보

1) 핵심:

- 선거 캠페인을 효율적으로 운영하기 위해서는 충분한 예산과 후원자의 지원이 필수적이다. 예산이 없다면 캠페인 운영이 제한될 수 있기 때문에 자금 조달을 미리 준비해야 한다.

2) 실행 방법:

- **예산 계획 수립:** 선거운동에 필요한 예산을 세부적으로 계획한다. 예산 항목에는 광고비, 인건비, 홍보물 제작비 등이 포함되며, 효율적인 자금 분배가 필요하다.
- **후원자 확보:** 유력한 후원자나 후원 조직을 찾아 지원을 받는다. 이를 통해 기본적인 자금 조달과 함께, 후원자와의 관계를 잘 관리한다.
- **후원금 관리:** 후원금의 투명성을 유지하고, 법적인 기준을 준수하여 후원금을 적절히 관리한다.

5. 선거 조직 구축

1) 핵심:

- 선거 캠페인을 성공적으로 이끌기 위해서는 조직적인 지원이 필수적이다. 효율적인 선거 조직은 유세, 홍보, 자원봉사자 관리 등 여러 분야에서 중요한 역할을 한다.

2) 실행 방법:

- **핵심 팀 구성:** 캠페인 매니저, 홍보팀, 유세팀 등 각 분야별로 핵심 인력을 선발하여 조직을 꾸린다.
- **자원봉사자 관리:** 자원봉사자들이 효율적으로 활동할 수 있도록 조직적인 관리와 동기 부여를 한다. 자원봉사자들은 선거운동에 중요한 역할을 하므로, 그들의 역할과 책임을 명확히 해야 한다.
- **지역 조직:** 지역별로 유권자와의 관계를 유지하고, 각 지역에서 효율적인 유세 활동을 할 수 있도록 지원한다.

6. 효과

선거 출마를 결심한 후에는 자신의 강점과 약점 분석, 지역구 성향 조사, 핵심 공약 설정, 예산 및 후원자 확보, 조직 구축 등 다각도의 준비가 필요하다. 이러한 준비를 체계적으로 수행함으로써, 후보는 지속 가능하고 효과적인 선거 캠페인을 운영할 수 있으며, 유권자들에게 신뢰와 호감을 얻을 수 있다. 이 과정은 선거 성공을 위한 중요한 첫걸음이 된다.

선거에서
반드시 피해야 할 5가지

선거 캠페인을 성공적으로 이끌기 위해서는 피해야 할 전략들에 대해 명확히 인식하고, 어떤 실수도 최소화해야 한다. 다음은 선거에서 반드시 피해야 할 5가지이다.

1. 모호한 메시지 남발

1) 문제점:

- 모호하고 불명확한 메시지는 유권자들이 후보자에게 신뢰를 잃게 만들 수 있다. 선거에서 가장 중요한 것은 명확하고 구체적인 비전을 전달하는 것이다.

2) 해결책:

- 메시지는 간결하고 명확해야 하며, 핵심 공약과 비전을 유권자가 쉽게 이해하고 기억할 수 있도록 구성해야 한다. 구체적인 행동 계획을 제시하고, 실현 가능한 목표를 강조하는 것이 중요하다.

2. 상대 후보와의 불필요한 감정싸움

1) 문제점:

- 상대 후보와의 개인적인 갈등이나 감정적인 공방에 빠지면, 유권자들이 불쾌감을 느끼거나 부정적인 이미지를 받을 수 있다. 정치적 신뢰와 긍정적인 이미지가 훼손될 위험이 있다.

2) 해결책:

- 정책 중심의 경쟁을 지향하고, 상대 후보를 비난하거나 감정적으로 반응하는 것을 피해야 한다. 건설적인 논의와 문제 해결 중심의 접근을 통해 유권자에게 성숙하고 차별화된 이미지를 남기는 것이 중요하다.

3. 캠페인 자원의 비효율적 사용

1) 문제점:

- 자원의 낭비는 선거 캠페인에서 커다란 실패를 초래할 수 있다. 예산, 시간, 인력 등의 자원을 효율적으로 배분하지 않으면 선거 후 큰 후회로 돌아올 수 있다.

2) 해결책:

- 세심한 예산 관리와 효율적인 자원 배분을 통해 각 자원이 최대한 효과적으로 활용될 수 있도록 해야 한다. 핵심 공약에 맞는 타겟 유권자를 선정하고, 그들에게 도달할 수 있는 효율적인 채널과 전략을 우선적으로 배치해야 한다.

4. 네거티브 공세에 과민 반응

1) 문제점:

- 상대 후보의 네거티브 공격에 과도하게 반응하거나 감정적으로 대응하는 것은 캠페인에 부정적인 영향을 미칠 수 있다. 유권자는 후보자의 감정적 대응을 부정적으로 보고, 정치적 신뢰가 흔들릴 수 있다.

2) 해결책:

- 네거티브 공세에 대해 차분하고 신중한 대응을 해야 한다. 공격을 방어하는 것보다 자신의 정책과 비전을 강조하는 것이 더 효과적이다. 또한, 정치적 성숙함을 보여주어 유권자들이 후보의 긍정적인 이미

지를 유지하도록 해야 한다.

5. 유권자와의 약속을 쉽게 번복

1) 문제점:

- 약속을 쉽게 번복하거나 변경하는 것은 유권자들에게 불신을 초래
할 수 있다. 정치인으로서 신뢰성이 떨어지고, 유권자와의 신뢰 관계
가 깨질 위험이 있다.

2) 해결책:

- 약속을 신중하게 설정하고, 이를 실현 가능한 범위 내에서 제시하는
것이 중요하다. 약속을 이행할 수 있는 구체적인 계획을 마련하고, 변
경이 불가피한 경우에는 그 이유를 명확하게 설명하고 투명하게 소
통해야 한다. 신뢰가 무엇보다 중요한 기초적인 정치적 원칙이므로,
약속은 지키는 것이 가장 중요하다.

6. 효과

이 5가지 사항을 피하고, 정확한 메시지 전달, 건설적인 경쟁, 효율적인
자원 사용, 차분한 대응과 신뢰할 수 있는 약속을 통해 선거에서의 성공
확률을 높일 수 있다. 전략적이고 신중한 접근이 선거에서 중요한 역할을
하므로, 실수나 과잉 반응을 피하며, 명확한 목표와 전략을 가지고 임하
는 것이 중요하다.

유권자의 마음을 사로잡는
3대 메시지 전략

선거에서 유권자의 마음을 사로잡는 메시지는 후보자가 정치적 비전을 어떻게 전달하느냐에 따라 달라진다. 유권자는 단순한 정책보다 감동적이고 실제적인 이야기에 더 큰 반응을 보이기 때문에, 효과적인 메시지 전략을 세우는 것이 매우 중요하다. 다음은 유권자의 마음을 사로잡을 수 있는 3대 메시지 전략이다.

1. 개인적인 스토리를 활용하라

1) 핵심:

- 개인적인 경험과 진솔한 이야기를 통해 유권자들과 감정적으로 연결을 형성한다. 후보자 자신이 겪은 어려움이나 도전적인 경험을 공유함으로써, 유권자들은 후보자를 더 가까운 사람으로 느끼게 되고, 신뢰감을 가질 수 있다.

2) 실천 방법:

- 자신의 배경을 이야기하고, 어떤 어려움을 극복했는지, 어떤 가치를 가지고 살아왔는지 공유한다.
  유권자들과 비슷한 경험을 했거나, 그들의 어려움을 잘 이해한다는 메시지를 전달한다.

  예를 들어, 가난한 가정에서 자란 이야기나 지역에서 겪었던 문제 해결 사례 등을 바탕으로 유권자들에게 자신감을 준다.

3) 효과:

- 유권자들은 후보자의 인간적인 면을 보게 되어, 더 쉽게 공감하고 지지할 수 있다.

2. 구체적인 해결책을 제시하라

1) 핵심:

- 유권자들이 가장 중요하게 생각하는 문제에 대해 구체적이고 실현 가능한 해결책을 제시하는 것이 중요하다. 추상적인 공약보다는 실행 가능한 계획을 통해, 유권자들에게 신뢰감을 주고 문제 해결 능력을 보여주는 것이 핵심이다.

2) 실천 방법:

- 지역 문제나 유권자들이 겪고 있는 불편함에 대해 구체적인 해결책을 제시한다. 예를 들어, 교통 문제, 주택 문제, 교육 문제 등에 대한 구체적인 해결 계획을 세워, 실천 가능한 방법을 설명한다.

- 공약을 단기, 중기, 장기로 나누어, 유권자들이 단기간에 효과를 볼 수 있는 해결책을 제시하면서도, 장기적인 비전도 함께 설명한다.

3) 효과:

- 구체적인 해결책을 제시하면, 유권자들은 후보자가 실제로 문제를 해결할 능력이 있다는 믿음을 가지게 된다.

3. 감성적인 요소를 가미하라

1) 핵심:

- 유권자의 감정에 호소하는 메시지는 매우 강력한 영향을 미친다. 이성적인 논리도 중요하지만, 때로는 감정적으로 연결될 수 있는 메시지가 더 큰 효과를 발휘할 수 있다.

2)실천 방법:

- 감동적인 스토리나 인간적인 면을 강조하여, 유권자들이 정서적으로 반응할 수 있도록 한다. 예를 들어, 고령자들, 어린이들, 청년층 등 각 계층에 맞는 감성적인 메시지를 전달한다.
  단순한 정치적 메시지를 넘어서, 유권자들의 삶에 변화를 줄 수 있는 감동적인 언어를 사용한다. 예를 들어, "우리 아이들이 더 나은 미래를 살아갈 수 있도록"이나 "모두가 공정하게 기회를 가질 수 있도록"**과 같은 감성적 표현을 사용한다.

3) 효과:

- 감성적인 요소가 포함된 메시지는 기억에 오래 남고, 유권자들의 지지를 끌어낼 수 있다. 유권자들은 후보자가 자신의 입장에서 생각하고, 감정을 이해한다는 느낌을 받게 된다.

4. 효과

개인적인 스토리는 후보자를 인간적으로 느끼게 하며, 구체적인 해결책은 실제적인 변화를 기대하게 만든다. 감성적인 요소는 유권자들이 정서적으로 반응할 수 있도록 도와준다. 이 3대 메시지 전략을 잘 활용하면, 유권자들과 강한 신뢰 관계를 구축하고, 선거에서 승리할 가능성을 높일 수 있다.

가장 효과적인
선거운동 방식 TOP 5

선거에서 유권자들과의 소통과 신뢰 구축은 매우 중요하다. 이를 위해 각기 다른 선거운동 방식을 효과적으로 활용하면 선거 캠페인의 성과를 극대화할 수 있다. 아래는 가장 효과적인 선거운동 방식 TOP 5이다.

1. 지역 밀착형 '경청 투어'

1) 핵심:

- 유권자들의 목소리를 직접 듣고, 그들의 불만과 요구사항을 파악하는 것은 선거운동에서 가장 중요한 전략이다. 경청 투어는 후보자가 자신의 지역구를 방문하여 유권자와 직접 만나는 방식이다.

2) 실천 방법:

- 후보자는 지역 내 주요 장소(시장, 상점가, 공공시설 등)를 직접 방문하여, 유권자와 1:1 대화를 나누고 그들의 목소리를 경청한다.
  불만과 요청 사항을 귀 기울여 듣고, 유권자들에게 문제를 해결할 수 있는 후보라는 인식을 심어준다.

- 유권자들에게 개인적인 관심을 기울이고, 그들의 의견을 캠페인에 반영하겠다는 메시지를 전달한다.

3) 효과:

- 유권자들은 후보의 인간적인 면을 느끼고, 문제를 해결하려는 의지와 지역 문제에 대한 관심을 확인할 수 있다. 이는 후보와 유권자 간의 강한 유대를 형성하는 데 중요한 역할을 한다.

2. 디지털 플랫폼 활용 (SNS, 유튜브 등)

1) 핵심:

- 디지털 미디어는 대중과의 소통을 극대화하는 중요한 도구이다. SNS 와 유튜브 등을 활용하면 빠르고 효과적인 소통이 가능하다.

2) 실천 방법:

- 페이스북, 인스타그램, 트위터, 틱톡 등 다양한 SNS를 활용하여 후보 의 비전과 공약을 널리 알린다. 실시간 소통과 온라인 이벤트를 통 해 유권자들과 직접적인 교류를 할 수 있다.

- 유튜브를 활용해 후보의 정치적 입장과 캠페인 메시지를 영상으로 제작하여 광범위한 유권자에게 다가간다. 또한, 라이브 방송을 통 해 실시간 소통과 질의응답을 하며 유권자들의 관심을 끌 수 있다.

3) 효과:

- 디지털 플랫폼을 활용하면 젊은 세대와의 소통을 강화할 수 있으며, 빠르고 광범위한 정보 전달이 가능해진다. 또한, 유권자 참여를 유도 할 수 있는 인터랙티브한 방식도 가능하다.

3. 적극적인 미디어 노출 (TV, 라디오, 마을방송 등)

1) 핵심:

- 전통적인 미디어는 여전히 대중에게 큰 영향을 미친다. TV와 라디오, 마을방송 등은 특히 전국적, 지역적 영향력이 커서 유권자들에게 강한 인상을 남길 수 있다.

2) 실천 방법:

- TV 인터뷰나 토론 프로그램에 참여하여 후보의 정치적 비전과 공약을 널리 알린다.
  라디오 방송을 통해 후보의 목소리를 직접 들려주고, 유권자들과의 대화를 나누는 형식을 취한다.

- 광고를 활용해 캠페인의 메시지를 효율적으로 전달하고, 유권자들의 관심을 유도한다.

3) 효과:

- 대중 미디어를 활용하면 광범위한 대중에게 후보를 알리고, 정치적 이미지를 구축하는 데 효과적이다. 또한, 권위 있는 매체를 통해 후보의 신뢰성을 강화할 수 있다.

4. 타운홀 미팅 및 유권자와의 직접 대화

1) 핵심:

- 타운홀 미팅은 후보자가 유권자들과 직접적으로 대화할 수 있는 중요한 기회이다. 유권자들의 질문에 답변하고, 그들의 이야기를 경청하는 것은 유권자들에게 후보의 진정성을 전달하는 좋은 방법이다.

2) 실천 방법:

- 지역 커뮤니티 센터나 학교 등에서 타운홀 미팅을 개최하여 유권자들과 직접 대화를 나누고, 그들의 의견을 정책에 반영하는 모습을 보여준다.

- 질의응답 시간을 통해 유권자들이 직접 궁금한 점을 묻고, 후보가 그에 대한 정확한 답변을 하여 신뢰를 구축한다.

3) 효과:

- 유권자와의 직접적인 소통을 통해 후보의 신뢰도를 높이고, 유권자들이 느끼는 후보와의 거리감을 줄일 수 있다.

5. 핵심 지지층 조직화 (지지모임 운영)

1) 핵심:

- 핵심 지지층을 조직화하여 캠페인에 적극적으로 참여하게 만드는 전략이다. 지지모임은 선거 캠페인에서 중요한 역할을 하며, 유권자들의 결집력을 높이고, 투표율을 증대시킬 수 있다.

2) 실천 방법:

- 지지모임을 구성하여 이들이 지역 내에서 후보를 홍보하도록 유도한다. 자원봉사자를 모집하고, 이들이 캠페인 활동을 주도적으로 할 수 있도록 한다.

- 핵심 지지자들에게 특별한 활동을 주거나, 지지 집회를 통해 더 많은 유권자를 집결시키는 방식을 활용한다.

3) 효과:

- 핵심 지지층이 조직적으로 활동하면 후보의 메시지가 강력하게 확산되고, 지지율을 높이는 데 중요한 역할을 한다.

6. 효과

- 이 5가지 선거운동 방식은 후보와 유권자 간의 신뢰와 유대를 강화하고, 다양한 플랫폼을 통한 소통을 통해 선거에서의 승리 가능성을 높일 수 있다. 효율적인 미디어 활용, 유권자와의 직접적 소통, 핵심 지지층의 조직화는 선거 캠페인에서 큰 차이를 만들 수 있는 중요한 전략이다.

선거 30일 전,
반드시 해야 할 5가지

선거가 다가올수록 마지막 한 달은 선거 캠페인의 결정적인 시기다. 이 시점에서는 이미 대체로 유권자들이 후보자에 대한 인식을 가지고 있으며, 이를 결정적인 지지로 바꾸는 것이 핵심이다. 선거 30일 전, 반드시 해야 할 5가지 전략을 아래와 같이 정리해 보았다.

1. 지지층 결집 및 조직 강화

1) 핵심:

- 이미 확보한 핵심 지지층을 결집시키고, 이들이 캠페인에 더 적극적으로 참여하도록 독려하는 것이 중요하다. 또한, 조직을 강화하여 선거 마지막 주까지 일관된 활동을 할 수 있도록 해야 한다.

2) 실천 방법:

- 지지자 모임을 통해 지지자들과 소통을 강화하고, 그들이 후보를 적극적으로 홍보할 수 있도록 유도한다.
  핵심 지지층에게 명확한 역할을 부여하고, 이들이 투표일에 유권자들을 투표하도록 독려한다. 예를 들어, 친척, 친구, 동료들에게 투표를 독려하는 활동을 강화한다.

- 자원봉사자나 핵심 조직원들이 지역구 내에서 유권자들과 소통할 수 있는 기회를 제공하여 선거 당일의 준비를 돕는다.

3) 효과:

- 지지층 결집은 유권자들에게 후보에 대한 강한 충성도를 심어주고, 유권자 참여를 증대시킬 수 있다.

2. 부동층 대상 집중 공략

1) 핵심:

- 선거 막판 30일은 부동층 유권자를 공략할 수 있는 중요한 시기이다. 이들을 확실한 지지층으로 전환시키는 것이 매우 중요하다.

2) 실천 방법:

- 부동층의 고민을 정확히 파악하고, 그들의 우려와 관심사를 반영한 맞춤형 메시지를 전달한다.
- 부동층 유권자들에게 후보의 구체적인 공약을 제시하고, 이들이 공감할 수 있는 해결책을 강조한다.

- 소셜 미디어와 디지털 광고를 통해 부동층에게 후보의 비전과 실행 가능성을 명확하게 전달한다.

3) 효과:

- 부동층 유권자를 확보하면, 전체 지지율을 급격하게 상승시킬 수 있으며, 선거 결과에 큰 영향을 미칠 수 있다.

3. 상대 후보의 공약 및 약점 분석

1) 핵심:

- 상대 후보의 공약과 약점을 철저히 분석하여, 이를 전략적으로 활용하는 것이 중요하다. 그러나 네거티브가 아닌 정책 중심의 차별화된 전략을 추구해야 한다.

2) 실천 방법:

- 상대 후보의 공약을 면밀히 분석하고, 그들의 약점이나 모순된 점을 찾아낸다. 이를 바탕으로 후보 자신의 강점을 강조한다.
- 상대 후보의 실패한 정책이나 실수를 부각시키기보다는, 후보의 비전과 구체적인 해결책을 제시하며 차별화를 꾀한다.
- 상대 후보의 신뢰도 문제나 부족한 점을 유권자에게 알리되, 긍정적이고 건설적인 방식으로 접근한다.

3) 효과:

- 상대 후보의 약점을 전략적으로 다루면, 후보의 강점을 강조하면서 선거전에서 유리한 위치를 점할 수 있다.

4. 마지막 유세 계획 수립

1) 핵심:
- 선거 마지막 30일 동안의 유세는 매우 중요하다. 유세 전략을 철저하게 준비하고, 유권자들에게 마지막까지 후보의 메시지를 강력하게 전달할 수 있도록 해야 한다.

2) 실천 방법:
- 유세의 핵심 메시지와 타겟 유권자를 정확히 설정한다. 유세의 초점은 핵심 지지층의 결집과 부동층 공략에 맞추어야 한다.
- 유세 장소를 정하고, 타겟 지역에서 집중적으로 유세를 벌인다. 지역별로 유권자의 관심사나 이슈를 반영하여 맞춤형 메시지를 전달한다.
- 유세 일정과 타이밍을 잘 맞추어, 후보가 피로감을 느끼지 않도록 하면서도 유권자들의 관심을 끌 수 있는 방식으로 유세를 진행한다.

3) 효과:
- 마지막 유세에서 후보의 존재감과 메시지를 강력히 전달함으로써, 유권자들의 지지를 결정짓는 순간을 만들 수 있다.

5. 사전투표 독려 및 투표율 관리

1) 핵심:

- 사전투표 독려는 선거일에 예상보다 더 많은 유권자가 투표에 참여하도록 유도하는 중요한 전략이다. 투표율을 높이면, 유리한 선거 결과를 도출할 수 있다.

2) 실천 방법:

- 사전투표 독려 캠페인을 진행하여 유권자들이 사전투표를 하도록 유도한다. 특히, 핵심 지지층과 부동층에게 사전투표의 중요성을 강조한다.
- 투표일 전후로 투표 독려 메시지를 지속적으로 보내며, 유권자들이 시간 내에 투표할 수 있도록 안내한다.
- 사전투표 장소에 대한 정보를 명확히 제공하고, 유권자들에게 투표의 중요성을 강조하여 높은 참여율을 유도한다.

3) 효과:

- 사전투표 참여를 늘리면, 선거 당일 유권자들의 반응을 더 유리하게 만들 수 있으며, 예상치 못한 변수를 줄이는 데 도움이 된다.

6. 효과

　선거 30일 전의 전략은 효과적인 유권자 결집과 부동층 공략, 상대 후보 분석, 마지막 유세 계획, 사전투표 독려 등을 통해 마지막 순간까지 지지율을 상승시키는 데 중점을 둔다. 유권자와의 소통과 조직 강화를 통한 캠페인 집중이 승리로 가는 핵심이다.

상대 후보보다
한 발 앞서는 3가지 방법

선거에서 상대 후보보다 한 발 앞서가는 전략은 승리를 위한 중요한 차별화 요소다. 후보가 한 발 앞서간다는 것은 상대의 약점을 미리 파악하고, 주도적으로 대응할 수 있다는 뜻이다. 이를 위해서는 차별화된 공약, 예상 공격 포인트 대응 전략, 그리고 혼합된 선거운동이 필요하다. 아래는 그 3가지 방법에 대해 구체적으로 설명한다.

1. 차별화된 공약과 메시지 개발

1) 핵심:

- 선거에서 차별화된 공약과 독창적인 메시지는 후보의 정체성을 확립하고, 유권자들에게 강한 인상을 남길 수 있는 중요한 전략이다. 상대 후보와 같은 공약을 반복하지 않고, 유권자의 관심사와 필요를 반영하는 독창적인 공약을 제시해야 한다.

2) 실천 방법:

- 지역구의 주요 이슈와 유권자들이 가장 원하는 문제를 해결할 수 있는 공약을 우선적으로 설정한다. 이 공약은 후보의 경험이나 전문성과 연관될 수 있다.
- 차별화된 메시지는 감성적 요소나 유권자가 공감할 수 있는 언어로 전달한다. 예를 들어, 지속 가능한 발전이나 혁신적인 정책을 강조하여 유권자에게 미래지향적이고 진보적인 이미지를 부각시킬 수 있다.
- 공약은 구체적이고 실현 가능해야 하며, 상대 후보와의 차이점을 명확히 해야 한다. 상대 후보가 다루지 않은 세부적인 문제를 포착하여 특별한 해결책을 제시한다.

3) 효과:

- 차별화된 공약과 메시지는 유권자들에게 후보가 진정성 있고 혁신적인 정치인임을 인식시키며, 선거에서 유리한 포지션을 차지하는 데 기여한다.

2. 예상 공격 포인트 사전 대응 전략

1) 핵심:
- 선거운동 중 상대 후보는 후보의 약점이나 실수를 파고들며 공격할 수 있다. 미리 예상되는 공격 포인트에 대해 사전 준비를 하고, 이를 능동적으로 대응하는 전략이 중요하다.

2) 실천 방법:
- 후보의 약점을 미리 파악하고, 그에 대한 방어 논리를 준비한다. 예를 들어, 과거의 실수나 정책 실현의 어려움을 미리 인정하고, 개선 방안을 제시함으로써 상대의 공격을 차단한다.
- 상대 후보의 공약이나 약점을 예측하고, 그에 대한 공격적이지만 건설적인 반박을 준비한다. 예를 들어, 상대 후보가 비현실적인 공약을 제시한다면, 그 공약의 구체적 실행 계획에 대해 의문을 제기할 수 있다.
- 미디어 대응을 통해 예상 공격을 미리 공개하고, 투명하게 해결책을 제시함으로써 후보의 신뢰성을 강화한다. 공격을 긍정적인 메시지로 전환할 수 있는 대응 전략을 세운다.

3) 효과:
- 미리 예상되는 공격 포인트에 대한 대비는 선거가 진행될수록 후보의 신뢰도를 높이고, 상대 후보의 공격이 효과를 보지 않게 만든다. 방어적인 자세보다는 능동적인 반응을 보이며, 유권자들에게 신뢰를 줄 수 있다.

3. 온라인·오프라인 혼합 선거운동 활용

1) 핵심:

- 온라인과 오프라인의 혼합된 선거운동은 상대 후보보다 한 발 앞서 가는 효과적인 방법이다. 디지털 선거운동의 장점은 광범위한 접근성과 빠른 확산에 있으며, 오프라인 활동은 직접적인 유권자 접촉을 통해 신뢰를 쌓을 수 있다.

2) 실천 방법:

- **온라인 선거운동**: SNS, 유튜브, 블로그, 디지털 광고를 통해 빠르게 메시지를 전달하고, 온라인 이벤트나 라이브 방송으로 유권자들과 실시간으로 소통한다. 비디오 콘텐츠, 인포그래픽, 짧은 메시지 등을 활용, 흥미롭고 직관적인 콘텐츠를 만들어 관심을 끌어낸다.
- **오프라인 선거운동**: 지역 방문, 타운홀 미팅, 유세 활동을 통해 유권자들과 직접 만나고, 그들의 이슈와 요구를 듣고 답변한다. 또한, 핵심 지지층을 조직화하여 선거일에 투표율을 높이는 활동을 지원한다.
- **혼합된 선거운동**: 온라인과 오프라인 활동을 상호 보완적으로 운영하여, 각각의 강점을 최대한 활용한다. 예를 들어, 온라인에서 유권자들과 소통하고, 그들의 피드백을 오프라인 활동에 반영하여 상호작용을 증대시킨다.

3) 효과:

- 온라인과 오프라인의 통합적 접근은 후보의 메시지를 다양한 방식

으로 전달하고, 유권자들에게 강한 인상을 남긴다. 또한, 디지털 공간에서의 광범위한 노출과 현장 활동의 개인적 소통이 결합되면 후보에 대한 신뢰와 호감이 증대된다.

4. 효과

상대 후보보다 한 발 앞서는 전략은 차별화된 공약을 통해 유권자에게 새로운 비전을 제시하고, 예상 공격 포인트를 미리 파악하여 능동적으로 대응하며, 온라인과 오프라인을 혼합한 효율적인 선거운동을 활용하는 것이다. 이런 전략들은 후보의 경쟁력을 강화하고, 선거에서 우위를 점할 수 있는 중요한 요소로 작용할 수 있다.

위기관리 전략:
선거운동 중 예상되는 돌발 변수 3가지

선거운동 중 예상치 못한 돌발 상황이 발생할 수 있다. 이들에 대해 적절히 대응하지 않으면 선거에 심각한 영향을 미칠 수 있다. 아래는 선거 중 발생할 수 있는 주요 돌발 변수와 이를 관리하기 위한 위기 대응 전략을 정리한 내용이다.

1. 가짜 뉴스 및 허위 사실 유포 대응

1) 핵심:

- 가짜 뉴스와 허위 사실의 확산은 후보의 명성과 신뢰도를 급격히 훼손할 수 있다. 빠른 대응과 투명한 정보 제공이 매우 중요하다.

2) 실천 방법:

- **빠른 대응:** 허위 사실이 유포되면, 즉각적인 공식 입장을 발표하여 사실 관계를 명확히 해야 한다. SNS, 보도자료, 인터뷰 등을 통해 빠르게 잘못된 정보를 바로잡는다.
- **법적 대응:** 경우에 따라 법적 조치가 필요할 수 있다. 허위 사실을 유포한 사람이나 매체에 대해 명예 훼손이나 허위 사실 유포로 고소하는 것도 고려해야 한다.
- **유권자 교육:** 선거 과정 중 유권자들에게 정확한 정보를 지속적으로 제공하고, 가짜 뉴스와 허위 사실의 위험성에 대해 경고하는 활동을 한다. 유권자들에게 비판적인 사고를 강조하고, 확인된 정보만을 믿을 것을 촉구한다.
- **지지자와의 소통:** 지지자들을 통해 허위 정보가 퍼지지 않도록 관리한다. 소셜 미디어나 커뮤니티에서 잘못된 정보가 확산이 되면, 즉각적으로 반박하는 게시물을 올리고, 지지자들이 이에 동참하도록 유도한다.

3) 효과:

- 빠르고 투명한 대응을 통해 유권자들의 신뢰를 유지하고, 허위 정보로 인한 후보의 이미지 손상을 최소화할 수 있다.

2. 캠프 내 실수 및 스캔들 관리

1) 핵심:

- 선거운동 중 후보자나 캠프 내 인물이 실수를 하거나 스캔들에 휘말리면 큰 위기가 될 수 있다. 이를 체계적으로 관리하여 피해를 최소화하는 전략이 필요하다.

2) 실천 방법:

- **조속한 사과와 대응:** 실수나 스캔들이 발생했을 때는 빠르게 사과하고, 책임을 지는 태도를 보인다. 그러나 과도한 자책은 피하고, 어떤 조치를 취할 것인지 구체적인 해결 방안을 제시하는 것이 중요하다.
- **내부 관리 강화:** 캠프 내에서 개인적인 실수가 발생하지 않도록, 캠프 내의 모든 구성원들에게 선거 중에 엄격한 행동 규범을 설정하고 이를 철저히 준수하도록 한다.
- **미디어 대응:** 언론을 통해 신속하고 정확한 정보를 제공하며, 실수에 대한 상세한 해명을 한다. 이 과정에서 감정적 반응을 피하고, 이성적이고 객관적인 태도를 유지한다.
- **사건의 교훈:** 사건이 해결된 후, 이를 교훈 삼아 개선책을 마련한다. 위기 관리 시스템을 점검하고, 이후에 유사한 상황이 발생하지 않도록 캠프의 정책과 시스템을 강화한다.

3) 효과:

- 책임 있는 태도와 신속한 대응은 위기 상황을 효과적으로 관리하고, 후보자와 캠프의 신뢰를 회복하는 데 큰 도움이 된다.

3. 상대 후보의 강력한 네거티브 공세 차단

1) 핵심:

상대 후보가 강력한 네거티브 공세를 펼칠 경우, 이를 효과적으로 차단하는 전략이 필요하다. 공격에 대한 방어와 반격을 동시에 고려해야 한다.

2) 실천 방법:

- **침착한 반응:** 네거티브 공세에 과도하게 반응하거나 감정적 대응을 피한다. 논리적이고 차분한 태도로 반박을 준비하며, 상대의 공세를 부각시키지 않고 후보의 강점을 강조한다.
- **상대 후보의 공약 분석:** 상대의 네거티브 공세가 사실이 아닌 경우, 구체적인 증거를 들어 반박하고, 상대 후보의 공약이나 정책의 결함을 지적한다.
- **적극적 메시지 홍보:** 네거티브 공세에 몰입하는 대신, 후보의 긍정적 이미지와 비전을 강조하는 긍정적인 메시지를 적극적으로 홍보한다. 특히, 선거 핵심 공약이나 후보의 비전을 유권자들에게 지속적으로 전달한다.
- **중립적 언론의 활용:** 언론을 통해 객관적인 사실관계를 전달하고, 상대 후보의 공격이 왜 부당한지 설명한다. 이를 통해 중립적인 언론의 지원을 얻을 수 있다.
- **법적 대응:** 허위 사실이나 명예훼손에 대한 법적 조치를 고려하여, 상대 후보의 공격이 부당함을 법적으로 입증할 수 있다.

3) 효과:

- 네거티브 공세에 대한 차단은 후보의 신뢰성을 지키고, 부정적인 여론이 캠페인에 미치는 영향을 최소화한다. 또한, 상대 후보의 공격이 반박되지 않으면 유권자들에게 부정적인 인식을 줄 수 있으므로, 효과적인 대응이 필요하다.

4. 효과

선거운동 중 발생할 수 있는 위기 상황에 대한 대응은 후보의 이미지와 캠프의 안정성을 지키는 데 중요한 역할을 한다. 가짜 뉴스, 허위 사실, 캠프 내 실수, 스캔들, 그리고 상대 후보의 네거티브 공세에 대한 적절한 대응은 후보의 신뢰도를 유지하고, 선거의 중요한 전환점을 관리하는 데 필수적이다. 빠르고 투명한 대응과 냉철한 대응은 유권자들에게 신뢰를 주고, 선거에서 유리한 위치를 차지하는 데 도움이 된다.

Check 8

선거운동에서 반드시 피해야 할
치명적 실수 5가지

선거운동 중 치명적인 실수는 후보의 이미지와 선거 결과에 큰 영향을 미칠 수 있다. 이런 실수들은 유권자의 신뢰를 잃게 하고, 후보의 경쟁력을 크게 저하시킬 수 있다. 아래는 선거운동에서 반드시 피해야 할 치명적 실수 5가지와 그에 대한 해결 방안을 정리한 내용이다.

1. 준비되지 않은 토론 및 인터뷰

1) 핵심:

- 토론이나 언론 인터뷰는 후보의 이미지와 정치적 비전을 전달하는 중요한 기회다. 준비되지 않은 상태로 임하게 되면, 허술한 발언이나 논리적 일관성 부족으로 인해 신뢰를 잃을 위험이 크다.

2) 피해야 할 실수:

- **자료 부족**: 충분한 자료와 사전 리서치 없이 토론에 임하거나 인터뷰를 진행하는 것.
- **감정적 반응**: 상대 후보나 기자의 질문에 과도하게 감정적으로 반응하거나 논리적인 답변을 하지 못하는 경우.

3) 해결 방안:

- **철저한 준비**: 토론 및 인터뷰에 앞서, 주요 이슈와 핵심 메시지에 대한 철저한 준비가 필요하다. 예상 질문과 답변을 준비하고, 리허설을 통해 자신감을 얻는 것이 중요하다.
- **자기주도적 대응**: 감정적이지 않게 차분하고 논리적으로 대답하는 법을 연습하며, 상대 후보의 발언에 대해서도 긍정적이고 건설적인 태도로 반응해야 한다.

2. 유권자 무시 발언 및 오만한 태도

1) 핵심:

- 유권자는 후보의 기본적인 태도와 소통 방식에 민감하게 반응한다. 유권자를 무시하거나 오만한 태도를 보이면, 후보는 유권자들의 지지를 잃게 되며 이를 회복하기 어렵다.

2) 피해야 할 실수:

- **유권자를 깔보는 발언:** 예를 들어, "그 정도로 이해할 수 없을 것이다" 혹은 "너무 쉽고 단순한 문제"라는 식의 발언은 유권자를 소외시킬 수 있다.
- **자만하거나 오만한 태도:** 선거 중 자신감은 중요하지만, 지나치게 오만한 태도는 유권자에게 불쾌감을 주고, 거리감을 느끼게 만든다.

3) 해결 방안:

- **겸손한 태도:** 항상 유권자들의 의견에 귀 기울이는 태도를 보여야 하며, 공감과 이해를 바탕으로 대화를 이어가야 한다.
- **존중하는 자세:** 유권자와의 소통 시 겸손하고 친근하게 대하며, 소중한 의견을 존중하는 자세를 지속적으로 유지한다.

3. 공약 이행 불가능한 약속 남발

1) 핵심:

- 이행 불가능한 공약을 남발하는 것은 후보의 신뢰도를 급격히 떨어뜨리며, 선거 후 유권자들의 실망을 초래할 수 있다. 비현실적인 약속은 결국 후보의 정치적 신뢰를 손상시킬 수 있다.

2) 피해야 할 실수:

- **과도하게 낙관적인 공약:** 예를 들어, "모든 문제를 한 달 안에 해결"과 같은 과도한 기한 설정이나 불가능한 목표를 설정하는 것.
- **구체성 부족:** 공약이 구체적이지 않거나, 실현 가능성에 대한 설명이 부족한 경우 유권자들은 의심을 가지게 된다.

3) 해결 방안:

- **실현 가능한 공약:** 실현 가능하고 구체적인 공약을 설정하여, 유권자들이 신뢰할 수 있도록 한다. 또한, 공약의 실현을 위한 구체적인 방법을 제시하는 것이 중요하다.
- **장기적인 비전:** 단기적인 이익을 넘어, 지속 가능한 발전을 위한 공약을 설정하고, 목표 달성의 로드맵을 유권자들에게 명확히 설명한다.

4. 조직 관리 실패 및 내부 갈등 발생

1) 핵심:

- 조직 내부의 갈등이나 비효율적인 관리는 선거운동의 효율성을 크게 떨어뜨리고, 후보의 이미지에도 부정적인 영향을 미친다. 조직이 결속되지 않으면, 선거 캠페인이 제대로 이루어지지 않을 수 있다.

2) 피해야 할 실수:

- **내부 갈등의 공개화:** 캠프 내의 갈등이나 분열을 외부로 노출시키는 것은 후보의 신뢰도를 떨어뜨릴 수 있다.
- **자원 배분 실패:** 캠프 내에서 자원의 비효율적 배분이나 조직 내 업무 분담의 혼선이 발생할 경우 선거운동이 제대로 이루어지지 않는다.

3) 해결 방안:

- **내부 소통 강화:** 캠프 내에서의 효율적인 소통을 유지하고, 문제가 발생하면 즉각적으로 해결하는 태도가 필요하다. 또한, 팀워크와 협력을 강조해야 한다.
- **조직 관리 시스템:** 캠프 내 각 부서 간의 업무 분담을 명확히 하고, 자원을 효율적으로 배분하여 모든 구성원이 목표를 향해 일관되게 나아갈 수 있도록 한다.

5. 선거자금 불법 사용 및 법적 문제 발생

1) 핵심:

- 선거자금을 불법적으로 사용하거나 법적 문제가 발생하면, 후보는 선거에서 탈락할 뿐만 아니라, 법적 처벌을 받을 수 있다. 투명한 선거자금 관리가 매우 중요하다.

2) 피해야 할 실수:

- **불법적인 후원금 수수:** 법적 규정을 넘는 선거자금을 받거나, 불법적인 방법으로 자금을 조달하는 것.
- **투명하지 않은 자금 사용:** 선거자금을 목적 외 용도로 사용하거나, 불법적인 경로로 자금을 관리하는 것.

3) 해결 방안:

- **투명한 자금 관리:** 선거자금의 사용은 법적 기준에 맞춰 투명하게 관리하고, 정확한 회계 기록을 유지해야 한다.
- **법적 자문:** 선거자금과 관련된 법적 조언을 선관위에 자문을 구하거나, 선관위로부터 회계 처리를 도움받는 것이 중요하며, 규정을 철저히 준수하여 불법적인 행위가 발생하지 않도록 예방한다.

6. 효과

선거운동 중 치명적인 실수를 피하려면 철저한 준비와 적극적인 관리가 필요하다. 준비되지 않은 토론이나 유권자 무시 발언, 불가능한 공약 남발 등은 후보의 신뢰도를 심각하게 해칠 수 있다. 또한, 조직 관리 실패나 법적 문제 발생은 선거 결과에 결정적인 악영향을 미칠 수 있다. 이를 예방하고 철저히 관리하는 것이 선거 성공의 핵심 요소다.

Check 9

선거 막판 뒤집기
전략 3가지

선거의 막판은 긴박하고 중요한 순간이다. 선거일이 가까워질수록 부동층의 표심이 결정적인 변수로 작용하며, 후보에게 뒤집기의 기회를 제공할 수 있다. 막판 뒤집기를 위해서는 강한 결집력과 정확한 타겟팅, 경쟁 후보의 실수 활용이 중요한 전략이 될 수 있다. 다음은 선거 막판 뒤집기 전략 3가지이다.

1. 강한 결집력을 가진 유세 이벤트 개최

1) 핵심:

- 선거 막판에 가장 중요한 것은 지지층 결집이다. 이미 핵심 지지층을 확보한 후보라면, 이들을 다시 결집시킬 수 있는 강력한 유세 이벤트를 개최하는 것이 효과적이다. 막판 유세는 후보의 열정과 비전을 강력히 전달할 수 있는 마지막 기회이므로, 이를 통해 유권자들에게 강한 인상을 남겨야 한다.

2) 실행 방법:

- **대규모 유세 이벤트:** 유권자들의 참여를 유도하고 후보의 열정을 보여줄 수 있는 대규모 유세를 개최한다. 유명 인사, 지지하는 커뮤니티 리더 등과 함께하는 합동 유세가 유효할 수 있다.
- **유권자와의 직접 소통:** 타운홀 미팅이나 유권자와의 직접적인 대화를 통해 후보의 진정성과 소통 능력을 강조할 수 있다. 이때 후보의 인간적인 면모를 부각시키는 것이 중요하다.
- **사기 진작:** 열정적이고 에너지 넘치는 유세로 지지층의 사기를 북돋운다면, 그들이 투표일에 적극적으로 참여하도록 유도할 수 있다.

2. 부동층을 겨냥한 '마지막 한 방' 메시지

1) 핵심:

- 선거 막판, 부동층은 결정적으로 후보 선택에 영향을 미친다. 부동층 유권자를 겨냥한 결정적인 메시지를 전달하는 것이 매우 중요하다. 이때는 유권자들이 마지막 순간에 마음을 결정할 수 있는 구체적이고 강력한 메시지가 필요하다.

2) 실행 방법:

- **구체적이고 실현 가능한 공약 강조:** 이미 발표한 공약들 중 가장 실현 가능하고, 유권자에게 큰 영향을 미칠 공약을 강조한다. "당신의 삶을 어떻게 바꿀 것인지"에 대한 구체적인 비전이 필요하다.
- **부동층의 불안감 해소:** 부동층 유권자들이 혼란스러워하거나 불안한 감정을 가지고 있을 수 있으므로, 그들의 불안감을 해소할 수 있는 안정적이고 신뢰감 있는 메시지를 전달해야 한다.
  예를 들어, "지금 당장 이 선택이 중요하다"는 메시지를 던질 수 있다.

- **강력한 비전 제시:** 막판에는 "미래를 어떻게 이끌어갈 것인지"에 대한 강력한 비전을 제시하여, 유권자들에게 방향성을 확실히 전달한다.

3. 경쟁 후보의 실수 활용

1) 핵심:

- 선거 막판에 상대 후보의 실수나 약점을 전략적으로 활용하는 것은 매우 중요한 전술이다. 상대 후보가 실수나 논란에 빠졌을 때 이를 냉철하게 분석하고, 효과적으로 활용할 수 있다면, 선거 결과에 큰 영향을 미칠 수 있다. 그러나 이는 신중하게 접근해야 하며, 자신의 이미지가 손상되지 않도록 해야 한다.

2) 실행 방법:

- **상대 후보의 실수 지적:** 상대 후보가 공약을 번복하거나 실수를 저지른 경우, 이를 합리적이고 이성적으로 지적하며, 후보의 신뢰성 문제를 부각시킬 수 있다.
  예를 들어, 특정 사안에 대해 "그 후보는 오늘 말한 것과 내일은 다를 것이다."와 같은 메시지를 전달할 수 있다.
- **상대 후보의 약점에 집중:** 상대 후보가 부적절한 발언이나 논란을 일으킨 공약을 제시한 경우, 이를 적절한 타이밍에 부각시키며, 후보의 불안정성을 강조할 수 있다.
- **도덕적 우위 강조:** 상대 후보의 실수나 논란이 도덕적 결함에 관한 것이라면, 자신은 어떤 면에서 더 도덕적이고 신뢰할 수 있는 후보인지를 강조한다. "우리는 오직 유권자들을 위한 공정한 선거를 원한다"는 식의 메시지가 효과적일 수 있다.

4. 효과

선거 막판의 뒤집기 전략은 시간에 쫓기며, 최후의 승부처이기 때문에 정확한 타겟팅과 효과적인 메시지 전달이 필수적이다. 강한 결집력을 위한 유세 이벤트와 부동층을 겨냥한 강력한 메시지, 상대 후보의 실수 활용은 모두 막판 유권자들의 마음을 움직일 수 있는 중요한 전략이 된다. 이들 전략을 차분하고 신중하게 실행함으로써 선거에서의 역전을 이룰 수 있다.

당선 이후
반드시 해야 할 3가지

선거에서 승리한 후, 당선된 후보는 지지자들에게 감사 인사를 전하고, 선거 과정에서 약속한 공약을 이행하며, 다음 선거를 위한 기반을 마련하는 것이 중요하다. 당선 후의 첫 100일은 향후 정치적 경로를 설정하는 데 중요한 시점이므로, 체계적이고 전략적인 접근이 필요하다. 다음은 당선 이후 반드시 해야 할 3가지이다.

1. 지지자들에게 감사 인사 및 보답

1) 핵심:

- 당선 후, 지지자들에게 감사의 마음을 전하는 것은 매우 중요하다. 지지자들의 헌신이 있었기에 당선될 수 있었으므로, 그들에게 감사의 인사를 전하고, 보답의 의지를 밝혀야 한다. 이 과정은 지지층과의 신뢰를 강화하고, 유권자들에게 긍정적인 인식을 심어준다.

2)실행 방법:

- **감사 메시지 전달:** 승리 연설에서부터 지지자들에게 감사를 표하고, 그들의 노력과 지원에 대한 감사를 표현한다. 공식적인 감사 인사와 함께 이후의 비전을 공유하는 것이 좋다.
- **지지자와의 소통 강화:** 당선 후에도 지지자들과 지속적으로 소통하고, 그들이 내부적인 의견을 제시할 수 있는 기회를 마련한다. 온라인 채널(SNS, 이메일 등)과 오프라인 모임을 통해 감사 인사를 전하고 향후 계획에 대해 함께 나누는 것이 중요하다.
- **공약 이행 약속:** 선거 과정에서 공약을 반드시 이행할 것이라는 보답의 의지를 확립하며, 지지자들에게 이행 계획을 구체적으로 알려준다.

2. 선거 과정에서 약속한 공약 이행 준비

1) 핵심:

- 당선 후 선거 공약을 이행하는 것은 후보로서의 정치적 신뢰를 유지하고, 유권자들에게 약속을 지키는 정치인이라는 이미지를 각인시키는 중요한 과정이다. 공약 이행을 체계적으로 준비하고, 이를 구체적인 실행 계획에 반영하는 것이 필요하다.

2) 실행 방법:

- **공약 이행 우선순위 설정:** 당선 직후, 공약을 우선순위에 따라 분류하고, 이를 실행 가능한 로드맵으로 정리하여 구체적인 실행 계획을 수립한다. 공약이 단기적, 중장기적으로 나누어져 있을 경우, 이를 실현 가능한 일정에 맞춰 진행한다.
- **전문가와 협력:** 공약을 실현하기 위해 전문적인 의견을 구하고, 정책 전문가나 관련 부서와 협력하여 실행 가능한 정책을 세운 뒤, 이를 유권자들에게 구체적으로 알리는 것이 중요하다.
- **진행 상황 공개:** 정기적으로 공약 이행 상황을 유권자들에게 알리고, 이행 진척 상황을 투명하게 공개하여 유권자들의 신뢰를 계속 얻어간다.

3. 다음 선거를 위한 기반 다지기

1) 핵심:

- 당선 이후 다음 선거를 준비하는 것은 정치인의 지속적인 생명선이 된다. 지속적인 정치적 활동과 지지층의 결집은 향후 선거에서 경쟁력을 유지하는 데 핵심적인 역할을 한다. 당선 이후의 100일은 다음 선거를 위한 기초를 마련하는 중요한 시점이다.

2) 실행 방법:

- **정기적인 소통:** 지지자들과의 소통을 계속 강화하고, 정기적인 피드백을 받을 수 있는 채널을 운영하여, 지지층의 관심과 참여를 유지한다. SNS, 이메일 뉴스레터, 정기적인 타운홀 미팅 등을 통해 지속적인 소통을 유지한다.
- **지역 사회와 유대 강화:** 지역 사회와의 관계를 지속적으로 강화하며, 지역 유권자들과의 친밀감을 유지한다. 지역 행사, 자원봉사 활동 등을 통해 지지 기반을 계속 넓히고, 유권자들의 상호작용을 촉진한다.
- **정치적 리더십 강화:** 당선 이후 정치적 리더십을 확립하고, 전국적인 정치적 입지를 다져야 한다. 이를 위해 국가적인 이슈에 대한 입장을 명확히 하고, 정책적 리더십을 발휘할 기회를 모색한다.

4. 효과

　당선 이후, 감사 인사와 공약 이행 준비, 다음 선거를 위한 기반 마련은 후보의 정치적 신뢰와 안정성을 강화하는 중요한 전략이다. 지지층의 결속과 유권자와의 지속적인 소통을 통해 정치적 입지를 확고히 다지고, 공약을 이행함으로써 지지층의 충성도를 높이고, 다음 선거의 경쟁력을 확보할 수 있다. 당선 후 100일의 전략을 잘 세우고 실행함으로써, 지속 가능한 정치적 성장을 이끌어 낼 수 있다.